나의 작은 천사, 릴리와 타로에게
그리고 기뻐하며 노는 모든 사람과 동물에게

달리는 사람에서 게임하는 사람으로

스포츠와 게임으로 보는 놀이 인문학

발행일   초판 1쇄 2024년 7월 26일

지은이   현상필
펴낸곳   스테이블
기획편집   고은주 박인이
디자인   박정호

출판등록   2021년 1월 6일 제320-2021-000003호
주소   서울시 관악구 조원로 137 602호
전화   02-855-1084
팩스   0504-260-4253
이메일   astromilk@hanmail.net
블로그   blog.naver.com/stable_cat
SNS   instagram.com/cat_eat_book

ISBN   979-11-93476-06-2 (43380)

달리는 사람에서
게임하는 사람으로

스포츠와 게임으로 보는
놀이 인문학

현상필 지음

모두의 인문학
03

스테이블

차례

1장
인생이라는 놀이

2장
우리는 오픈월드에서 성장한다

3장
함께한다는 것
: 우정으로 이어지다

4장
용기란 무엇인가
: 넘어진 곳에서 다시 일어서는 힘

움직일수록 우리는 더 지혜로워진다

저는 지금 시속 3킬로미터의 속도로 걸으며 이 글을 쓰고 있습니다. 이제 막 서문의 첫 문장을 읽었을 뿐인데 '이게 무슨 말이지?' 하며 책을 덮으려는 분도 있겠네요.

저는 평소에도 대부분의 일과를 걷기와 병행합니다. 높이 조절이 되는 책상 아래에 러닝머신을 설치해 두고 그 위를 걸으며 독서와 글쓰기를 하지요. 책상 위에는 독서대와 전자책 단말기, 노트북 등이 있고요. 가만히 앉아서 일하던 과거보다 몸을 움직이며 읽고 쓰는 지금이 집중력과 기억력, 아이디어 발상 등 모든 면에서 더 나아졌음을 느낍니다. 저는 산책로가 아닌 모터로 돌아가는 너비 40센티미터의 좁은 벨트 위를 걷지만, 다양한 지적 수확물을 거둬들이고는 합니다. 제 두 발은 생각을 명료하게 하는 동력 장치라고 할 수 있어요.

✣ "제 서재는 일종의 워킹 워크스테이션(Walking Workstation)입니다."

　제가 일하는 방식을 바꾼 건 산책을 통해 깊이 사유하고 위대한 통찰을 얻은 여러 사상가들 덕분입니다. 생물진화론으로 유명한 생물학자 '찰스 다윈'은 매일 반려견과 함께 자신이 사는 다운 하우스 주변 산책로를 걸었습니다. 그는 이곳을 "생각의 길"이라고 불렀지요. 자연과 교감하는 삶을 담은 책《월든》으로 잘 알려진 작가 '헨리 데이비드 소로'는 하루에 네 시간 이상 월든 호수 주변의 숲속을 산책했습니다. 소로의 동료이자 스승인 시인 '랠프 왈도 에머슨' 역시 고민이 있을 때마다 이 숲을 걸으며 기운을 얻었다고 해요. 또 소설가 '버지니아 울프'의 모든 작품에서 걷기는 아주 중요한 역할을 합니다. 종종 작가들은 "엉덩이로 글을 쓴다"고 말하지만 한곳에 오래 앉아 있으면 생각도 고일 수밖에 없답니다.

❖ 찰스 다윈이 매일 걸었던 '생각의 길'.

걷기에 있어서 제게 누구보다도 깊은 영감을 준 두 사람이 있습니다. 첫 번째는 철학자 '니체'입니다. 그는 오랫동안 두통과 눈병, 소화 장애 같은 질환에 시달렸지만 건강이 허락하는 한 걷기를 멈추지 않았어요. 니체에게 있어 산책은 곧 사유이자 삶 그 자체였습니다. 《우상의 황혼》에서는 "오로지 걷는 중에 떠오른 생각만이 가치를 지닌다"고 썼을 정도지요. 그는 하루에 서너 시간에서 많게는 열 시간까지 들판과 숲길을 걸었어요. 걷다가 사유의 조각이 떠오를 때면 나무 그늘 아래로 들어가 수첩에 옮겨 적었지요. 서양에서 성서 다음으로 많이 읽힌다고 알려진 《차라투스트라는 이렇게 말했다》같은 책은 산책 중에 완성됐다고 해도 과언이 아닙니다.

두 번째 인물은 고대 그리스의 철학자 '아리스토텔레스'입니다.

그는 아테네 동쪽 체육관에 학교를 세웠어요. 그리고 매일 체력 단련을 하고 제자들과 함께 주변을 거닐며 토론식 수업을 한 것으로 유명합니다. 때문에 아리스토텔레스와 그의 후예들은 "페리파토스(Peripatos, 산책 혹은 산책로)"라고 불렸습니다. 아리스토텔레스의 많은 책들 역시 두 발에서 나온 것이라고 할 수 있어요.

걷기를 사유와 영감의 원천으로 삼았던 이들을 보면 학습을 대하는 태도가 지금과는 사뭇 다르다는 걸 알 수 있습니다. 우리는 진득이 한자리에 앉아 공부하는 게 바람직하고 그래야만 효율적이라고 여기잖아요. 적어도 공부에 있어서만큼은 정적인 태도를 장려, 아니 강요합니다. 가만히 있지 못해 다리를 떨거나 낙서를 하고 몸을 움직일라치면 핀잔을 듣기 일쑤입니다.

하지만 최근 들어 움직임이 뇌의 생산성과 학습 능력에 기여한다는 사실이 과학자들을 통해 밝혀지고 있습니다. 미국 스탠포드 대학의 심리학자 메릴리 오페조는 '걷기가 아이디어에 발을 달아 준다'는 걸 보여 준 유명한 실험을 진행했습니다. 이 실험에서 학생들은 4분 동안 벽돌이나 클립, 열쇠, 타이어 같은 평범한 물건을 창의적으로 사용할 수 있는 방법을 가능한 한 많이 나열하라고 요구받았어요. 본래 용도에서 벗어나 기발하면서도 현실적으로 적용 가능한 아이디어일수록 창의성 점수가 올라갔지요. 예를 들어 아무런

필기도구가 없는 공간에서 살인 사건이 벌어졌을 때, 피해자가 열쇠로 범인에 대한 힌트를 바닥에 새길 수 있다는 식으로요. 놀랍게도 실험 전 캠퍼스를 산책하거나 (회색 벽을 바라보며) 러닝머신에서 걸었던 학생들이 가만히 앉아 있던 이들에 비해 60퍼센트나 더 높은 창의성 점수를 기록했습니다!

창의적 사고가 어려운 이유는 뇌 구조 때문이에요. 뇌는 크게 전두엽(계획과 집중·의사 결정 등을 담당), 두정엽(시공간 기능·전두엽의 의사 결정 보조), 측두엽(청각과 시각·기억), 후두엽(시각)의 네 부위로 나눌 수 있습니다. 흥미롭게도 뇌는 뒤쪽에서 앞쪽 방향으로 성장이 진행되기 때문에 뇌의 앞 부분에 있는 전두엽은 성인기 초기까지 미성숙 상태이고, 다른 부위들과도 완전히 연결되지 않습니다. 어린이들이 기발하고 번뜩이는 상상력을 보여 주는 것도, 사춘기 때 감정 기복이 심하고 충동적인 사고를 제어하기 어려운 것도 다 전두엽의 미성숙 때문입니다.

이윽고 전두엽이 성장과 통합을 끝내고 나면 어떤 부작용(?)이 생깁니다. 이 고지식한 리더는 상식과 통념의 틀 안에서만 사고하도록 강력하게 통제합니다. 여기에서 벗어나 상상한다는 건 무척 어렵지요.

그러나 걸을 때는 어려운 사고 능력이 필요 없기에 전두엽의 기능이 일시적으로 낮아집니다. 리더가 잠시 한눈을 파는 동안 잠재의식을 비롯해 뇌의 다른 영역들이 새로운 방식으로 연결을 시도하지요. 이 짧은 의식의 자유를 통해 번뜩이는 아이디어를 얻을 수 있는 겁니다.

걷기와 같은 신체 활동을 하면 근육에서 마이오카인(Myokines)이라는 호르몬이 분비됩니다. 마이오는 그리스어로 근육(Myo)과 움직임(Kine)의 합성어예요. 마이오카인 중에서도 '운동 호르몬'이라고 불리는 '이리신'은 지방 분해 외에도 인지 기능을 높이는 역할을하는 것으로 알려졌어요. 또 뼈에서 분비되는 '오스테오칼신'이라는 호르몬은 기억력을 증진시키는 것으로 알려졌지요. 이처럼 움직임이 뼈와 근육만이 아닌 뇌를 돕는 데에는 인간의 진화적 배경이있습니다.

아주 오래전, 그러니까 신생대 마이오세(Miocene世, '덜 최근'이라는 뜻으로 2,300만~500만 년 전에 해당하는 시기) 초기에 아프리카는 1년 내내 과일이 열리는 열대우림의 낙원이었습니다. 이 무렵 등장한 최초의 유인원들은 포식자에 대한 걱정 없이 나무 위에서 편안하게 과일을 먹으며 살았어요.

그러다 1,700만 년 전쯤부터 기온이 서서히 내려가기 시작했습니다. 유인원을 비롯한 아프리카의 많은 동물들은 낮아진 해수면으로 인해 새로운 숲을 찾아 유럽과 중동 지역으로 옮겨 갔어요. 하지만 그곳에서도 수백만 년에 거쳐 기온이 내려가면서 숲이 사라져

갔지요. 결국 800만~1,000만 년 전 사이 유럽의 유인원들은 거의 멸종하고 이들 중 일부가 다시 아프리카로 돌아와 인간과 침팬지, 고릴라의 공통 조상이 되고 또 다른 무리는 오랑우탄이 돼요.

과학자들은 인간과 침팬지가 지금으로부터 500만~700만 년 전 사이에 공통의 조상에서 갈라져 나온 것으로 보고 있습니다. 이후로 등장한 현생인류(현재 생존하고 있는 인류와 같은 종에 속하는 인류)와 관련 있는 모든 종을 통틀어 호미닌(Hominin)이라고 부릅니다. 당시의 아프리카는 듬성듬성한 숲의 공백 사이로 초원이 펼쳐지고 있었습니다. 화석을 통해 알려진 이 시기의 초기 호미닌들은 불완전하게나마 이족보행을 했고, 나무 위(에서 주로 살며)와 땅을 오가며 생활했어요. 나무 위에서 과일을 먹으며 잠을 자다가 다른 삼림으로 옮겨야 할 때면 밑으로 내려와 초원을 가로질러 이동하는 식이지요.

저는 처음 이 내용을 접했을 때 리모컨을 쥔 채 텔레비전 앞 소파에 앉아 감자칩을 먹으며 빈둥거리는 사람을 의미하는 '카우치 포테이토(Couch Potato)'라는 말이 떠올랐습니다. 수렵 채집 활동이 개발되기 전, 조상들은 나무 위에 앉아서 열매를 먹거나 땅속의 덩이줄기와 뿌리 등을 씹는 데 대부분의 시간을 보냈기 때문입니다. 하루에 3,000~5,000보 정도를 걸었던 이들이 비만에 걸렸다는 이야기는 없지만, 현대인만큼 활동량이 부족했던 건 사실이니까요.

'루시(Lucy)'라는 이름으로 잘 알려진 오스트랄로피테쿠스 아파렌시스(385만~295만 년 전)는 화석을 통해 완벽한 직립보행을 했음

❖ 루시의 화석.

을 보여 줍니다. 또 이들은 최초의 석기 기술 보유자이기도 합니다. 네 발이 아닌 두 발로 걷기에 자유로워진 두 손으로 돌을 부딪쳐 날카로운 모서리를 만들어 사용했지요.

루시와 그의 동족들은 먹을거리를 찾아 오랜 시간 목초지를 거닐었습니다. 그 시기 인류의 직립보행과 뇌 크기 및 기능 발달은 점차 연관성을 보이기 시작합니다.

사실 두 발로 걷는 데에는 치명적인 약점이 있습니다. 너클보행(주먹을 짚고 걷는 것)을 하는 고릴라, 침팬지 같은 유인원들에 비하면 달리거나 나무를 오를 때 속도가 현저히 떨어집니다. 더구나 네 발로 움직일 때는 다리 한쪽을 다쳐도 그런대로 이동이 가능하지만, 두 발 걷기일 경우에는 거의 불가능하지요. 이것만으로도 사방이 훤히 트인 초원에서 포식자와 마주친다면, 살아남기는 어려울 겁니다.

그러나 두 발 걷기에는 이를 상쇄하고도 남을 이점이 있습니다. 에너지 효율 면에서 네 발 걷기보다 훨씬 더 뛰어나지요. 2000년대 중반부터 미국의 진화인류학자 허먼 폰처와 데이비드 라이클렌 등이 러닝머신 위를 걷는 인간과 침팬지의 에너지 효율성을 비교하는 연구를 여러 차례 했습니다. 흥미롭게도 침팬지는 네 발이나 두 발로 걸을 때 모두 인간보다 두 배나 많은 에너지를 소모했어요. 침팬지가 인간보다 더 많은 에너지를 소비하는 이유는, 네 발로 움직여서가 아니라 웅크린 자세 때문이었습니다. 이를 통해 우리 조상들이 이족보행을 완벽히 습득하면서 생긴 잉여 에너지가 두뇌 확장에 사용됐을 거라고 보는 견해도 있어요(《퍼스트 스텝》, 제레미 드실바 지음, 브론스테인, 2022).

또 같은 에너지를 쓰더라도 경쟁 유인원들보다 음식을 찾으러 더 멀리 돌아다닐 수 있었을 겁니다. 이때 요구되는 능력이 있습니다. 가족이 있는 안식처로 돌아오기 위해서는 자신이 이동한 경로는 물론 포식자가 출몰하는 지점 등을 '기억'해야 했지요. 그리고 260만 년 전 빙하기가 시작된 이후에 등장한 인류는 사냥 기술을 사용했습니다. 자신보다 거대한 동물을 쓰러뜨리려면 그들보다 앞서 생각해야만 했어요. 다시 말해 먹이를 구하거나 새로운 정착지를 찾고, 사냥감을 추적하기 위해 움직이는 데에는 사고력과 집중력 등이 필요했습니다. 재미있는 점은 현재 인류의 뇌가 과거 수렵 채집 활동을 하던 때와 크게 달라지지 않았다는 겁니다. 때문에 아무런 목적 없이 산책을 하더라도 뇌는 이것을 수렵 채집으로 받아들이고, 결과적으로 인지능력을 강화해 줍니다.

★ ☆ ★

수백만 년 전의 과거가 너무 까마득하게 느껴진다면 각자의 어린 시절 이야기를 해 보면 어떨까요. 아기가 걸음마를 시작하는 시기는 생후 8~18개월 사이입니다. 심리학자 캐런 아돌프의 관찰에 따르면 이 무렵의 아기들은 시간당 평균 701미터, 2,400보 정도를 걷

❖ 걸음마를 익히기 위해서는 넘어지는 걸 피할 수 없습니다.

는다고 해요. 아기들은 대개 아무런 목적 없이 빈방이나 장난감으로 가득 찬 방 어느 곳에서도 활발하게 걸었어요. 즉, 움직임 그 자체를 즐거워했습니다. 그렇게 아기들은 하루에 무려 1만4,000보까지 걷습니다.

한편 아기들은 시간당 평균 17번 넘어졌습니다. 걸음마를 익히기 위해서는 넘어지는 걸 피할 수 없겠지요. 아기들은 넘어지지 않기 위해 넘어지는 과정을 거쳐야 했습니다. 아기들은 초기 호미닌처럼 안정적인 네 발 걷기를 포기하고 힘들게 두 발로 일어섭니다. 왜 그런 걸까요?

정확한 이유는 밝혀지지 않았지만 몇 가지 분명한 사실이 있습니다. 걸음마는 아기에게 새로운 세계를 열어 줍니다. 두 발로 서면 시야가 더 넓어지고, 네 발로 기어 다닐 때보다 3배 더 먼 거리를 돌아

들어가며

다닐 수 있지요. 또 손이 자유로워지니 7배 더 자주 물건을 옮길 수 있었어요. 이처럼 아기는 기거나 엄마 품에 안겨 있을 때보다 걸으면서 더 많은 걸 배우고 경험할 수 있답니다.

또 하나 흥미로운 사실은 아기들은 한 가지 정해진 패턴이 아닌 자기만의 독자적인 방식으로 걸음마를 뗀다는 점입니다. 자신의 신체 조건과 성장 속도, 주변 환경에 맞춰 움직이는 법을 익히지요. 우리는 모두 이미 아기 때 걷기가 주는 선물을 받았습니다. 다만 자라면서 그 사실을 잊고 지내는 것뿐이지요.

산책을 사랑한 사상가들과 호미닌의 이족보행, 아기의 걸음마 속에서 저는 공통의 메시지를 발견합니다. 바로 세상을 바라보는 관점은 자신이 '움직이는 방식'에 따라 달라진다는 것을요. 걷기와 달리기뿐만 아니라 여러 스포츠 종목에는 고유한 가르침이 담겨 있습니다. 체계적으로 배우지 않았을 뿐, 이미 여러분은 경험을 통해 알고 있습니다. 예를 들어 태권도나 검도 같은 무도(武道)를 통해 예절을 배우고, 축구와 야구 같은 팀 게임에서는 협동과 연대의 가치를 경험합니다. 인간을 지혜와 성숙의 길로 인도한다는 면에서 활자와 움직임은 서로를 보완합니다.

마지막으로 우리가 좁은 책상을 벗어나야 할 이유를 보여 주는 실험 하나만 더 소개할게요. 심리학자 에반 폴먼은 학생들을 두 그룹으로 나눠 창의성 문제를 풀게 했습니다. 예를 들면 이런 식으로요.

열쇠(Key), 조각(Piece), 계획(Plan)
이 세 개의 단어에 공통으로 붙일 수 있는 단어는?

여기서는 Master를 붙여 Master Key(만능열쇠), Masterpiece(걸작), Master plan(기본 계획)을 만들어 낼 수 있지요. 1그룹의 학생들은 작은 상자 안에 앉아 문제를 풀었고, 2그룹의 학생들은 상자 밖 넓은 공간에서 문제를 풀었습니다. 실험 결과 '상자 밖'에 있던 학생들의 점수가 평균 20퍼센트나 더 높았어요. 오랫동안 차분히 책상 앞에 앉아 있는 게 바람직한 학습/업무 태도라는 상식이 얼마나 큰 선입견인지 알 수 있는 실험입니다.

저는 상자 밖, 운동장과 트랙과 필드에서 얻을 수 있는 지혜와 통찰이 있다고 확신합니다. 실패를 자기 발전과 성장의 계기로 삼는 법, 평범한 삶을 놀이의 즐거움으로 채우는 법, 두려움과 자신의 관계를 재정립하는 법 같은 것들이요. 이런 유형의 가르침은 직접 운동장에서 땀 흘리며 움직이거나 몸과 몸을 부딪칠 때, 좋아하는 팀을 열정적으로 응원할 때 비로소 내 것으로 만들 수 있답니다.

끝으로 걷기의 장점을 하나 더 말하자면 동시에 다른 일을 할 수 있다는 겁니다. 걷는 동안 마음껏 몽상에 빠지거나 주변 풍경과 대화를 나눌 수 있습니다. 심지어 걸으면서 음식을 먹을 수도 있지요. 무엇보다 옆 사람과 이야기할 수 있다는 점이 가장 큰 매력이에요. 자신만의 편안한 보폭과 속도를 유지한다면 충분히 가능한 일들입니다.

그동안 책상 앞에 앉아 불안과 스트레스 때문에 가슴을 졸였다면, 이제는 그것을 이겨 낼 힘이 자기 안에 있다는 걸 믿고 운동화 끈을 더 자주 조이기를 바랍니다. 그래서 차가운 한숨이 뜨거운 환호와 함성으로 바뀌면 좋겠습니다. 스포츠와 게임을 통해 '놀이'를 인문학의 관점으로 바라본 이 책이 독자 여러분을 '상자 밖'으로 인도하는 마중물이 되기를 소망합니다.

1장

인생이라는 놀이

최초의 놀이, 사냥

1장을 시작하기에 앞서 수수께끼 하나를 내겠습니다.

일상 속에 있지만 일상과 분리된 마법의 원.

용기, 지구력, 총명함, 정신력, 공정함의 펜타클(오각별).

모험과 도전, 불확실성의 세계.

스스로 만든 제약과 규칙의 지배를 받는 곳.

부와 권력은 힘을 잃고 누구나 평등해지는 곳.

치열한 전쟁터이자, 간절히 기도하는 사원이며, 함께 노래하는 콘서트홀.

우리 모두의 놀이터….

이곳은 어디일까요?

여러분의 머릿속에 떠오르는 공간이 있나요? 어쩌면 각자가 생각한 것 전부 답이 될 수 있습니다. '진정한 사랑이란?' '우정이란 무엇인가?' '어떻게 살아야 할까?'처럼 본래 정답이 없는 수수께끼도 있는 법이니까요. 그래도 이번 장을 계속 이어가려면 제가 정한 답을 공개해야겠지요. 답은 **경기장(운동장)**입니다.

사실 이 수수께끼는 네덜란드의 역사학자 요한 하위징아가 《호모 루덴스》(연암서가, 2010)에서 놀이의 특징에 대해 쓴 내용의 일부를 고친 겁니다. 그는 인류의 특징이 '생각(호모 사피엔스)'과 '유용한 것을 만드는 능력(호모 파베르)'에 이어 '놀이'라고 여겼어요. 그가 만든 호모 루덴스라는 명칭은 놀이를 뜻하는 라틴어 '루두스'가 어원입니다.

보통 놀이라고 하면 떠오르는 것들이 있습니다. 넷플릭스 드라마 〈오징어 게임〉에 등장하는 '무궁화꽃이 피었습니다'나 '딱지치기' '구슬치기' 같은 추억의 놀이요. 보드게임이나 방 탈출 카페가 먼저 생각나는 분도 있겠군요. 이런 놀이를 통해 인간은 순발력과 사회성, 문제 해결 능력 등을 기릅니다. 그러나 이런 이득이 없더라도 무엇보다 놀이는 재미있습니다. 하지만 한편으로 놀이란 아이 같고

유치한 무엇 혹은 그저 가볍게 즐기는 오락거리라는 식의 고정관념이 자리 잡고 있습니다. "놀고 있네" "날 갖고 놀아?"처럼 일상에서 '논다'는 말은 조롱과 비하의 의미로 흔히 사용되기도 하고요.

반면 하위징아는 놀이에 원대한 가치를 부여합니다. 호모 루덴스는 문화 속에서 놀이를 만든 것이 아니라, 놀이를 통해 문화를 탄생시켰다고 본 것입니다. 스포츠 역시 놀이의 중요한 산물 중 하나고요. 나아가 그는 전쟁을 비롯해 재판에도 놀이 요소가 있다는 이야기를 해요. 의사이자 놀이연구자인 스튜어트 브라운의 말대로 '놀이는 모든 예술과 게임, 스포츠, 경이로움의 근본'입니다.

앞서 놀이가 우리의 용기와 지구력, 총명함, 정신력을 키워 준다고 했습니다. 놀이는 인간이 살아가는 동안 맞닥뜨릴 온갖 문제에 대비하는 리허설이라고도 할 수 있지요. 동물들을 예로 들어 볼까요. 형제와 어미에게 달려들어 깨물거나, 마치 레슬링을 하듯 뒤엉켜 노는 고양이와 강아지를 보세요. 새끼들은 장난스러운 싸움을 통해 사회성과 사냥 기술, 위기 대처 방법 등을 배웁니다. 야생에서 살아가는 사자와 늑대, 곰 같은 경우에는 얼마나 잘 놀았느냐에 생존이 달려 있다 해도 과언이 아니지요. 동물 행동 연구자인 밥 페이건과 요한나 페이건 부부는 15년 이상 알래스카 회색 곰을 관찰했습니다. 어렸을 때 가장 많이 논 곰들이 훗날 가장 오래 생존했다는 사실을 발견했지요.

'뇌 가소성'이라는 말을 한 번쯤 들어본 적이 있을 겁니다. 뇌세포의 일부가 죽더라도 그 기능을 다른 뇌신경망이 대신한다는 뜻입니다. 우리 뇌는 어느 때라도 다양한 경험과 자극을 통해 변화힐 수 있다는 의미이지요. 다수의 신경과학자와 생물학자들은 연구를 통해 큰 뇌를 가진 종은 더 많이 놀고, 작은 뇌를 가진 종은 더 적게 논다는 것을 발견했습니다. 인간은 더욱 정교하고 다양한 놀이 속에서 감춰진 재능을 찾아내거나 발달시킵니다. 그중 가장 대표적인 두 가지가 바로 스포츠와 게임이지요.

스포츠의 탄생에 대해 이야기하려면 먼저 '최초의 놀이'인 사냥을 살펴봐야 해요. 인류는 수백만 년 동안 수렵 채집인으로 살았습니다. 조상들은 사냥감을 놓고 사나운 육식동물과 경쟁하거나 그들을 직접 포획했어요. 홍미로운 사실은 사냥이 생존 활동이자 그 자체로 놀이의 속성을 갖고 있다는 점입니다. 미국 캘리포니아 대학교 진화 및 인간 행동 연구소 소장인 마이클 맥컬러프에 따르면 "수렵 채집인의 1일 사냥 실패율은 40~96퍼센트에 이른다"고 해요. 비슷한 예로 오늘날 수렵 채집인으로 살아가는 아프리카 하드자족 사냥꾼의 경우도 100번 중 97번은 사냥에 실패합니다. 때문에 이들은 주기적으로 무기를 내려놓고 사냥 대신 거대한 바오바브나무를 타고 올라가 성난 벌들에 맞서 (하드자족이 가장 좋아하는) 꿀을 구해 오기도 하지요.

앞의 수수께끼를 다시 한 번 떠올려 볼까요. 사냥은 매번 성공한다는 보장이 없습니다. 그렇기에 **사냥꾼은 불확실성을 안은 채 모험과 도전을 거듭할 수밖에 없어요.** 다른 시각에서 보면 사냥은 과일이나 구근 식물을 채취하는 것에 비해 효율성이 떨어지는 식량 조달 방식입니다. 결코 안정적인 생계 수단이 될 수 없어요. 이를 증명하듯 하드자족 식단에서도 구근의 비중이 상당히 높지요. 그래서일까요. 수렵 채집인들은 식량이 풍부한 시기에 대형 동물을 사냥합니다. 한 예로 아프리카 남부 보츠와나의 코이산족은 콩과 열매가 가장 풍족할 때 사냥 원정을 떠납니다. 인류학자들은 코이산족이 호모 사피엔스가 처음 아프리카에 등장했을 때의 모습을 가장 잘 보존하고 있다고 말합니다.

이런 사실은 오래전부터 사냥이 사회적 교류, 자기과시 등과 깊은 관련이 있음을 보여 줍니다. **훌륭한 사냥꾼이 되기 위해서는 힘과 용기, 지혜와 지구력은 물론 동료들과의 의사소통 능력 등을 두루 갖춰야 했지요.** 위험하고 어려운 사냥일수록 자신의 용맹과 유능함을 더 확실하게 증명할 수 있었을 테고요. 인기 있는 사냥꾼은 무리 내에서 더 많은 번식의 기회를 획득했습니다. 이처럼 사냥은 놀이의 성격이 강한 활동입니다. 더불어 협력과 호혜(서로 특별한 혜택을 주고받는 일)를 중시하는 한편, 에이스가 되기 위한 내부 경쟁이 뜨거운 팀 스포츠의 원형이라고도 할 수 있습니다.

스포츠의 탄생 :
농부가 된 전직 사냥꾼들

그러다 1만여 년 전부터 인류의 대다수가 농업과 목축업에 종사하기 시작했습니다. 이제 인간의 손에는 창과 활 대신 괭이와 쟁기가 쥐어졌어요. 농경문화가 시작된 이후로 더 이상 식량을 얻기 위해 동물을 쫓을 필요가 없어진 것입니다.

이런 변화는 매우 급작스럽습니다. 인류의 역사를 12시간에 비유하면, 시곗바늘이 11시 59분 50초에 가까워질 무렵에서야 비로소 농업이 시작됐기 때문이에요. 인류의 몸은 여전히 수렵 채집에 길들여 있습니다. 사냥꾼의 DNA는 근면하게 동물을 기르고 땅을 경작하며 안주하는 삶에 만족하지 못하게 했어요.

한번 생각해 보세요. 온갖 위험 속에서 동물을 쫓아 초원을 달리던 이들에게 매일 똑같은 일과를 반복하는 농부의 삶은 단조로웠을 겁니다. 이런 지루함의 감정은 지금을 살아가는 사람들에게도 익숙합니다. 직장과 학교 생활처럼 뭔가를 열심히는 하고 있는데 거기에서 진짜 재미와 만족감을 느끼지 못할뿐더러, 자신이 그것을 왜 해야 하는지 모를 때가 있지요. 이런 상태를 "채워진 지루함"이라고 부릅니다. 반면 아무것도 하지 않고 빈둥거릴 때 느끼는 지루함을 "텅 빈 지루함"이라고 하지요. 인간은 진화적으로 자극을 받아들이고 저장하고 표현하는 '인지' 능력을 제대로 활용하지 못하면 지루한 감정을 느끼도록 만들어졌어요. 단조로운 일상의 권태에서 벗어나려고 세상을 탐험(여행)하거나 예술(취미) 활동에 빠지는 것도 그 때문이지요. 다시 말해 지루함에서 빠져나오려면 자극이 필요합니다. 일상의 변화, 새로운 시도, 스릴과 놀라움 같은 것이요.

요즘처럼 콘텐츠가 넘쳐나는 시대에도 지루함에 빠지는데 1만여 년 전의 농부들은 어땠겠어요. 그들에게도 잠시나마 일상의 무미건조함에서 벗어 날 자극이 필요했습니다. 그래서 사냥은 한편에서 계속되었습니다. 하위징아는 **놀이의 특성이 자발적이면서 일상에서 벗어난 행위**라고 말합니다. 식량 공급의 목적은 완전히 배제한 채 오로지 모험과 도전, 스릴을 경험하기 위한 사냥. 다시 말해 '사냥 그 자체가 목적'이 된 겁니다.

앞서 놀이 정신이 문화를 탄생시켰다고 이야기했습니다. 도시국가(도시 자체가 정치적으로 독립해 국가를 이루던 공동체)의 규모가 커지자 사람들은 다양한 사냥의 대체물을 만들어 냈습니다. 숲과 초원을 대신한 '무대', 즉 경기장에 사냥을 모방한 행위가 하나둘 등장하기 시작해요. 창던지기와 활쏘기, 육상 등은 기나긴 추적이나 매복 같은 사냥의 지루한 과정은 과감히 빼고 역동성만을 남겨 긴장감과 재미를 높인 종목입니다. 심지어 축구도 사냥이 기원이라는 주장이 있습니다(이 이야기는 나중에 좀 더 다룰게요). 그리하여 마치 공연을 보듯, 직접 사냥을 하지 않아도 대리 만족을 느낄 수 있는 경기에 사람들이 모여듭니다. 관중이 탄생한 것이지요.

스포츠를 관람하는 것은 영화나 연극을 보는 것과 비슷한 경험이에요. 철학자 아리스토텔레스는 《시학》에서 "비극이 감정의 카타르시스(배설·정화)를 일으킨다"고 말합니다. 관객은 비극 속 비통한 상황과 끔찍한 결말을 보면서 자기 안의 슬픔과 연민, 공포의 감정을 해소하지요. 마찬가지로 시합을 보는 관중들은 동물을 죽이거나 타인을 해하지 않고도, 일상 속에 억눌려 있던 공격성과 경쟁 본능, 승리에 대한 열망을 분출할 수 있습니다.

관중은 선수와 신체적으로도 동기화됩니다.

예를 들어 구기 종목을 관람하는 관중들은 자신도 모르게 공이 움직이는 방향으로 약간 몸을 기울이지요. 축구 경기에서 응원하는 팀 선수가 실축할 때 관중들은 그와 똑같이 놀람과 좌절감의 표현으로 머리를 감싸는 행동을 해요. 복싱 경기에 몰입한 관중은 선수의 동작을 따라서 주먹을 뻗습니다. 조지아 주립대학교 심리학과 교수 제임스 M. 댑스가 1994년 월드컵에서 브라질이 우승했을 때, 이를 응원한 남성들의 테스토스테론 수치가 증가했다는 연구 결과를 발표하기도 했습니다. 즉, 자신이 응원하는 팀이 잘하고 있을 때 관중의 심장은 더 빨리 뛰고 혈압도 상승합니다. 또 도파민과 아드레날린도 더 많이 분비됩니다.

특히 고대 올림픽에 대한 그리스인들의 관심과 열정은 동시대 다른 문명들과 비교했을 때 유별날 만큼 열정적이었어요. 4년마다 열리는 이 축제를 보기 위해 그리스 전역에서 온갖 부류의 사람들이 모여들었어요. 심지어 시칠리아와 북아프리카, 소아시아 등에서 배를 타고 찾아오는 이들도 있었지요. 경기가 열리던 올림피아까지 가는 길은 멀고 험난했습니다. 운 좋게 도착하더라도 올림피아 주변에는 방문자를 위한 숙소나 편의 시설이 전혀 없었습니다. 때문에 천막을 세울 수 있는 부유층을 제외한 대다수는 노숙할 수밖에 없었어요. 많은 이들이 뜨거운 여름의 태양과 모기를 견뎌야 했습니다. 그럼에도 불구하고 기원전 5세기에 올림픽 관중은 4만~4만 5,000명 정도였는데, 이는 당시 아테네의 시민 수와 비슷한 규모입니다. 심지어 페르시아 군대에 의해 아테네가 파괴되는 상황에서도 수천 명의 관중들은 올림피아에서 경기를 관람했을 정도입니다. 서양 최초의 역사가인 헤로도토스가《역사》에 기록한 이 일화를 한번 볼까요.

기원전 480년 봄, 페르시아의 왕 크세르크세스가 수백만 명의 대군을 이끌고 그리스를 침공했습니다. 그해 8월 스파르타의 레오니다스 왕이 이끄는 300명의 근위대와 수천의 동맹군은 테르모필라이 협곡에서 페르시아 군에 맞서 항전하다 모두 전사하지요. (영화 〈300〉이 이 전투를 소재로 합니다.) 이후 페르시아 군은 시민들이 피란을 떠나면서 비어 있던 아테네를 약탈하고 불 질러 파괴하기까지 했어요.

같은 시기 펠로폰네소스반도 북서쪽에 있는 올림피아에서는 75번째 올림픽이 열리고 있었습니다. 마침 그리스인 몇 명이 페르시아 진영으로 투항해 왔어요. 이들은 곧장 왕 앞으로 끌려가 심문을 받았습니다. 장수 중 하나가 지금 그리스인들이 무엇을 하고 있는지 물었어요. 이에 그리스인들은 지금 올림픽이 열려 경기를 구경하고 있다고 대답했습니다.

'이 시국에 운동경기를 한다고?!'

왕과 장수들은 몹시 어이가 없었지만 한편으로 궁금했습니다.

"그래, 얼마나 대단한 상을 타려고 경기를 하고 있단 말이냐?"

"올리브 가지로 엮은 관(冠)을 타기 위해서지요."

"……."

고작 화관 하나라니! 일순간 장내에 침묵이 감돌았어요. 잠시 후 누군가 부르짖듯 이렇게 외쳤습니다.

"아아, 사령관이여. 그대는 어째서 돈이 아닌 명예를 위해 경기에 나서는 이런 인간들과 싸우라고 우리를 데려온 겁니까!"

페르시아인의 눈으로 볼 때 그리스인들은 도저히 이해하기 어려웠을 거예요. 하지만 그리스인의 입장에서는 그다지 이상한 일이 아닙니다. 올림픽이 열리기 전, 축제를 주관하는 도시인 엘리스에서는 먼저 '신의 휴전'을 선포했는데요. 이 기간에는 누구도 타인을 해하거나 남의 영토를 침범하지 말 것을 강력하게 권고했지요. 심지어 알렉산드로스 대왕도 이 조약 때문에 벌금을 냈다는 기록이 있을 정도예요. 아마도 경기장을 찾은 많은 그리스인들은 올림픽이 '평화의 축제'라는 데 익숙했을 테고, 어떤 경우에도 이 전통이 흔들리지 않을 거라는 믿음 역시 굳건했을 겁니다.

도대체 스포츠의 어떤 점이 우리를 이토록 매혹시키는 걸까요?

놀이의 지배자, 경쟁과 규칙

스포츠의 영혼이라고 할 수 있는 것은 바로 '경쟁(경합)', 그리스 어로는 '아곤(Agon)'이라고 합니다. 만약 경기에 출전한 선수에게 승부욕이 없다면 어떨까요? 상대 선수가 다칠까 봐 몸싸움을 피하고 공을 양보하는 선수가 있다고 상상해 보세요. 그는 당연히 패배하고 관중들의 기대도 산산조각 날 겁니다.

경쟁을 굳이 그리스어 아곤이라고 부른 이유는, 동시대에 고대 그리스인들만큼 경쟁에 열광했던 민족이 없기 때문입니다. 올림픽을 개최하기 수백 년 전부터 그들은 경쟁에 죽고 살았으니까요.

'목마 전술'로 잘 알려진 트로이아 전쟁을 배경으로 한, 고대 그리스 시인 호메로스의 서사시 《일리아스》에는 이색적인 경기가 등장합니다. 그리스 연합군 최고의 장수인 아킬레우스는 절친 파트로클로스가 트로이아의 왕자 헥토르의 손에 전사하자 복수에 나서 그를 죽입니다. 그리고 그의 시신을 전차에 묶어서 끌고 와 곧장 친구의 장례식을 장엄하게 치릅니다. 그리고 아킬레우스는 고인을 기리는 운동경기를 개최해요. 그러자 동료 영웅과 병사들이 큰 원을 그리며 둘러앉습니다. 그리고 전차 경주와 권투, 레슬링, 달리기, 활쏘기 등 모두 일곱 가지 경기가 열립니다. 오디세우스와 아이아스, 디오메데스 등 이름만으로도 쟁쟁한 영웅들이 출전하는데, 부상자가 나올 정도로 경쟁이 치열했어요.

로마 시인 베르길리우스가 쓴 서사시 《아이네이스》에서도 트로이아의 왕자이자 로마 건국 시조인 아이네이아스가 시칠리아 섬에서 아버지 앙키세스의 장례 경기를 개최하는 장면이 그려집니다.

엄숙한 장례식에서 운동경기라니. 전쟁으로 문명이 풍전등화의 위기에 처한 상황에서도 올림픽을 연 것 못지않게 낯설고 해괴한가요? 하지만 그리스인들의 사고방식에도 나름의 일리가 있답니다. 소중한 누군가가 세상을 떠났을 때, 남겨진 이들은 감당할 수 없는 슬픔의 무게에 짓눌리고는 합니다. 고인에 대한 슬픔과 고통은 몸과 영혼을 쇠약하게 만듭니다. 이에 그리스인들은 스포츠를 통해 약해진 신체를 단련하고 정신도 고양시킬 수 있다고 여겼던 것이지요.

고대부터 이어져 온 디스 배틀

매년 3월 말~4월 초 사이, 고대 아테네에서는 7일 동안 디오니소스 신을 위한 축제인 디오니시아 제전이 열렸는데, 이때 상대를 공격하는 비방 시인 '이암보스'를 소리 높여 읊었습니다.

비슷한 예로 그린란드의 이누이트족이 있습니다. 그들은 불만이 있는 이에게 도전하는데, 번갈아 북을 치며 상스럽고 야비한 노래로 상대를 비난합니다. 흥미롭게도 노래의 내용이나 사실 여부는 별로 중요하지 않았다고 해요. 혹시라도 가사를 잊어버리면 친구들이 그 대목을 대신 불러 주기도 했고요. 게다가 관중들은 적극적으로 더 센 내용의 노래를 요구했습니다. 이 대결은 길게는 몇 년 동안 이어졌고, 승부가 가려지는 즉시 두 사람은 원래의 관계를 회복했다고 합니다.

힙합 서바이벌 프로그램 〈쇼미더머니〉 속 래퍼들의 랩 배틀과 디스의 한 장면 같은 모습이지요.

이처럼 슬픔마저도 스포츠 속 경쟁이 주는 감동과 즐거움으로 극복하고자 했던 그리스인들. 그렇다면 경쟁은 왜 재미있게 여겨질까요? 여기에는 크게 두 가지 이유가 있습니다.

경쟁이 재미있는 첫 번째 이유: 상대의 대등함

첫 번째, 놀이의 전제 조건이 상대와의 대등함에 있기 때문입니다. 스포츠는 영화처럼 각본에 따라 결말이 정해져 있지 않잖아요. 선수 개개인이 스토리텔러이며, 스스로 갈등 구조를 만들어 갑니다. 맞붙은 선수(팀)의 기량이 비슷할수록 긴장감은 높아지고, 경기에 더 깊이 몰입하게 됩니다. 복싱에서 체급 제한을 두는 것도 그 때문입니다. 축구의 경우도 대부분의 나라에서 단계별로 리그를 운영하는데, 그로 인해 수준이 비슷한 팀끼리 시합해 누가 이길지 쉽게 예측할 수 없어요. 만약 K리그 1부 팀인 울산HD FC가 3부 팀과 경기를 한다고 생각해 보세요. 경기의 내용도 재미가 없을 테고, 강팀이 압도적으로 승리한다고 해도 관중들은 당연하다고 여기겠지요.

경제학자 겸 정신분석학자 프리츠 B. 지몬에 따르면 통계상 홈팀 관중들은 자기 팀이 승리할 확률이 약 60퍼센트일 때 경기장을 찾는다고 합니다. 그렇다면 승률이 그 이상이면 어떨까요? 이 경우 팬들은 그냥 집에서 보는 경우가 많다고 해요. 뻔한 결과를 굳이 나가서 봐야 할 필요가 없다고 느끼기 때문입니다. "공은 둥글고 경기는 90분간 계속된다"는 명언을 남긴 독일의 축구 선수 제프 헤르베르거도 이렇게 말했습니다.

"사람들이 축구장에 가는 이유는 결과가 궁금하기 때문이다."

특히 관중들은 라이벌전 같은 시합에서 박빙의 승부가 펼쳐질 때 열광합니다. 앞서 사냥꾼 이야기에서 말했듯이 **놀이의 묘미는 결과에 대한 긴장과 불확실성**에 있고, 이는 경쟁을 통해 극대화됩니다. 아리스토텔레스도 인간에게 이런 경쟁 본능이 있음을 알았습니다. 그는 《수사학》에서 인간이 한참 뒤떨어지거나 뛰어난 상대와는 경쟁하지 않고 장소와 나이, 처지 등이 비슷한 사람과 경쟁하려 한다고 했어요. 비슷한 상대와 같은 목적을 갖고 경쟁할 때 승부욕이 더 발동할 것이라고요.

두 번째, 놀이에는 규칙이 있어 공정한 경쟁을 가능하게 합니다. 물론 세상 어디에나 규칙은 존재하지요. 하지만 놀이 바깥, 사회의 규칙은 복잡하고 모호한 면이 다분합니다. 대중이 이해하지 못하는 복잡한 규칙일수록 부조리의 위험 또한 높아요. 일부 전문가들이 자신의 이익을 위해 법을 악용하는 경우처럼요.

반면 놀이의 규칙은 상대적으로 단순 명료합니다. 축구의 경우 손을 사용하지 않는다는 것, 세트피스(스로인, 코너킥, 프리킥 등 공이 정지한 상황에서 전개되는 플레이), 오프사이드(공격자 반칙) 정도만 알면 충분히 경기를 이해하고 즐기는 게 가능해요. 그러므로 기량과 실력, 나이, 성별에 상관없이 누구든 경기를 직접 하며 놀 수 있습니다. 그라운드는 투명하고 열린 세계이기 때문에 밀실이나 음모가 존재할 수 없어요. 즉, 규칙을 지키는 자만이 승리할 수 있습니다.

놀이 규칙의 또 하나의 특징은 모든 참여자가 기꺼이 이를 받아들인다는 점입니다. 누구도 농구에서 발 사용을 제한하는 규칙, 공을 잡고 세 걸음 이상 걸으면 안 된다는 트래블링 반칙 규정에 대해 이의를 제기하지 않아요. 모든 스포츠는 규칙을 인정하는 것부터 시작됩니다. 놀이가 곧 규칙이니까요.

1986년, 멕시코 월드컵 잉글랜드-아르헨티나의 8강전에서 디에고 마라도나가 핸드볼 반칙으로 넣은 골이 득점으로 인정됩니다.

✣ 1986년 월드컵 우승컵을 든 마라도나.

마라도나는 이 골에 대해 "신의 손이 만든 작품"이라거나 "마라도나의 머리와 신의 손의 합작품"이라고 말해 잉글랜드를 비롯해 전 세계에서 비난이 쏟아졌습니다. 아이러니하게도 그는 같은 경기에서 중앙선에서부터 공을 몰아 골키퍼를 포함해 모두 다섯 명의 수비를 따돌리며 두 번째 골을 넣죠. 반대로 이 골은 20세기 축구의 명장면으로 꼽힙니다. 마라도나는 한 경기에서 사악하고 위대한 모습을 함께 보여 줬어요.

19세기 중반까지만 해도 축구는 선수들이 손으로 공을 치는 게 가능했어요. 당시에는 럭비와 많은 부분에서 규정을 공유했기 때문이지요. 또 1863년 잉글랜드 축구협회가 설립된 이후에도 선수들은 방어의 목적으로 공을 만질 수 있었어요. 그러다 1871년에 새로

놀이의 지배자, 경쟁과 규칙

등장한 포지션인 골키퍼에게만 손을 사용할 수 있는 권한을 부여합니다. 이 규칙이야말로 현대 축구의 정체성이에요. 물건을 손에 쥐려는 인간의 자연스러운 본능을 억누른 덕분에 인스텝 킥과 인/아웃프런트 킥, 인사이드 킥, 힐 킥 같은 축구만의 섬세한 기술이 발전하게 됩니다. 또 가린샤(브라질의 축구 선수로 본명은 마누엘 도스 산토스이며, 오른쪽 다리가 기형적으로 더 길고 굽었다는 점을 활용한 페이크 동작과 빠른 드리블로 유명하다)에서부터 디에고 마라도나, 지네딘 지단과 호나우지뉴, 리오넬 메시에 이르기까지 화려하면서도 마술적인 드리블을 볼 수 있는 것이고요.

놀이에서 많은 자유가 허락되면 그만큼 재미와 수준은 낮아질 수밖에 없습니다. 스포츠는 궁극적으로 규칙 안에서 자유로움을 추구하는 놀이예요. 독일 베를린 공대 매체학과 교수인 노르베르트 볼츠는 놀이의 이런 역설적인 특징이 마치 '사랑의 관계'와 같다고 말해요. 멋진 비유 아닌가요? 우리는 사랑하는 사람에게 구속됨으로써 자유와 해방감을 경험하니까요.

규칙은 행동을 제한하지만, 그런 제한이 있기에 새로운 행동의 가능성이 열립니다. 다시 말해 규칙이 창의적인 결과물을 낳는 셈이지요. 1925년에 도입된 현재의 오프사이드 규칙은 이른바 '축구의 재탄생'이라고 불립니다. 이전의 오프사이드 규칙에서는 패스를 받을 공격수와 골라인 사이에 상대 선수가 '세 명' 있어야 했어요. 이 규칙의 폐해는 무엇보다 경기당 득점수가 줄어 경기가 지루해진다는 것이었습니다. 예를 들어 (골키퍼를 제외한 두 명의 수비수 중) 두 번째 수비수가 하프라인 쪽에 위치해 오프사이드 함정을 만들면 공격수는 그보다 앞에 있는 동료에게 패스할 수 없었어요. 하지만 규칙을 개정해 공격수와 골라인 사이의 상대 선수를 '두 명'으로 줄이자 공격수들에게 더 많은 공간이 열리고 경기 내내 긴장감이 유지됐습니다. 또 이때부터 전술적인 게임 시스템이 발전하게 됩니다.

마찬가지로 농구에서 공격권을 가진 팀이 24초 안에 슛을 해야 하는 24초 룰(샷 클락) 도입은 경기 흐름을 더욱 빠르고 박진감 있게 만들었어요. 때문에 NBA에서는 이를 두고 "역사상 가장 중요한 사건"이라고 말합니다.

규칙이 주는 또 하나의 이점은 언어적 의사소통의 비중을 낮춘다는 데 있어요. 서로 공유하는 규칙 안에서라면 같은 언어를 쓰지 않는 상대와도 시합할 수 있습니다. 또 해설자가 없어도 프리미어리그와 윔블던 테니스 대회 중계를 즐길 수 있지요.

전 세계인이 언어의 장벽을 넘어 스포츠를 즐길 수 있는 건 어디에서든, 누구에게든 동일한 규칙과 페널티를 적용하기 때문입니다. 반면 현실 세계의 법은 일관되지 못한 경우도 많습니다. 그래서 17세기 프랑스의 사상가 볼테르는 "세상 어디에서나 공정하고 확실하게 적용되는 법은 게임의 법칙밖에 없다는 사실을 인정해야 하는 게 수치스럽다"고도 말했습니다.

손흥민을 있게 한
협력과 연대

2011년, 독일의 프로축구 리그 분데스리가에서 뛰고 있던 손흥민은 아시안컵에 차출된 당시 체중 관리에 실패해 몸무게가 무려 4킬로그램이나 늘어난 상태로 소속팀(함부르크)에 복귀합니다. 그의 몸 상태는 경기력에도 영향을 미쳐서 선발 출전 경쟁에서도 조금씩 밀려났습니다. 그렇게 2010~2011년 시즌을 마친 손흥민은 여름 휴가를 맞아 한국으로 돌아옵니다. 고향 춘천에서 아버지 손웅정은 아들의 무너진 신체 균형 등을 되돌리기 위해 특별훈련에 돌입합니다. 매일 아침 손흥민은 아버지와 함께 근력 운동과 계단 오르기를 한 후 운동장에서 왼발·오른발 슛을 각각 500번씩 찼습니다. 5주 동안 하루도 빠짐없이 이어진 이 훈련은 '정말 죽을 수도 있겠다'는 생각을 하게 할 만큼 힘들었다고 합니다.

아버지의 특훈은 여름 휴가가 끝나고 함부르크에 복귀한 후 첫 번째 훈련에서부터 진가를 발휘합니다. 팀 동료들이 긴 공백으로 인한 체력 저하로 힘들어하며 가쁜 숨을 내쉴 때, 손흥민 홀로 최상의 컨디션을 보이며 가볍게 훈련을 소화한 겁니다. 사실 구단 내부에서는 그가 불어난 체중으로 여름 휴가까지 다녀오면 결코 예전 기량을 회복하지 못하리라고 판단했습니다. 하지만 아버지 덕분에 한층 더 성장한 손흥민은 2011~2012년 시즌에서 좋은 성적을 거두는 것은 물론 이듬해 수월하게 다른 팀으로 이적도 가능했지요. 그가 프리미어리그에서 활동하고 있는 지금까지 오른발잡이면서도 왼발을 잘 사용하고, 일명 '손흥민 존(페널티 박스 좌우 모서리)'에서 보여 주는 뛰어난 슈팅 능력은 모두 재능이 아닌 아버지와의 훈련 덕분입니다.

손흥민은 아버지의 도움으로 자신의 부족함을 개선하고, 강점은 강화하며 팀 내부의 주전 경쟁에서 우위에 설 수 있었습니다. 이 부자의 관계는 경쟁의 진정한 면모를 보여 줍니다. 경쟁을 의미하는 영어 Competition은 '함께'라는 뜻의 Com과 '추구하다'라는 뜻의 Petere가 합쳐진 라틴어 Competere(콤페테레)에서 유래했습니다. 말 그대로 함께 노력하는 것, 협력과 연대를 의미하지요. 경쟁의 어원에는 누군가를 꺾거나 패배시켜야 한다는 뜻이 없어요!

아버지 손웅정은 '프로 축구 선수로서 한 단계 더 올라서자'는 목표를 아들과 공유하고 그의 잠재력을 최대치로 끌어올려 정상의 선수로 만들었습니다. 경쟁이 추구하는 가치에는 이처럼 한 사람을 그 분야에서 가장 높은 경지에 이르게 하는 것도 있습니다. 이를 그리스어로 '아레테(탁월성)'라고 합니다. 아레테는 어디에나 존재합니다. 아리스토텔레스의 표현을 빌리면 말의 아레테는 빨리 달리는 것이고, 칼의 아레테는 날카로움이라고 할 수 있지요. 또 오랫동안 기예를 연마한 장인과 예술가 역시 아레테를 성취한 사람들입니다.

흔히 최고가 되기 위해서는 먼저 '자신과의 싸움'에서 이겨야 한다고 말합니다. 미식축구팀 시애틀 시호크스의 코치 피트 캐럴도 "항상 경쟁하라. 무엇을 하든 경쟁하라"고 했습니다. 여기에서 경쟁은 단순히 동료나 상대 팀을 이기는 게 아닌, 각자가 자기 능력을 최대한 발휘하는 걸 의미해요. 때문에 코치진은 선수들을 엄격하게 지도하는 한편 도전을 멈추지 않도록 지지를 보냅니다. 이런 문화는 팀워크에도 긍정적인 영향을 미칩니다. 선수 한 사람의 강력한 투지가 다른 사람의 투지까지 강화시키기 때문입니다. 이런 현상을 '사회적 승수 효과'라고 해요. 경쟁은 공동의 목표를 가진 구성원들이 함께 노력해 가는 과정입니다. 아곤과 아레테, 경쟁과 탁월성은 스포츠 경기에서 공존합니다.

스포츠가 감동과 아름다움을 주는 것은 양쪽 선수가 경기에 임하는 태도에 달려 있습니다. 예를 들어 어느 한쪽이 초반에 얻은 점수를 지키겠다고 수비만 계속한다면, 결과적으로 승리를 가져간다 할

지라도 보는 사람에게 큰 감동은 없을 거예요. 반면 지고 있지만 굴하지 않고 투지를 불태우는 패자에게는 박수가 쏟아집니다. 다음 경기가 기대되기도 하고요. 이길 가능성과 질 위험성 사이에서 종료 휘슬이 울리는 순간까지 분투하는 선수들은 더없이 광휘로워요. 경쟁이란 양자가 페어플레이(Fair Play, 정정당당한 승부) 정신을 잃지 않는 것이기도 합니다.

손흥민을 있게 한 협력과 연대

e스포츠로
영감을 받는 시대

스포츠라고 해서 모두 그라운드와 코트로 나가 숨이 턱까지 차거나 땀에 흠뻑 젖을 때까지 뛰어야 하는 건 아닙니다. 컴퓨터나 콘솔 게임기 등을 이용해 승부를 겨루는 e스포츠(게임)도 있습니다.

게임은 단순히 즐거움을 넘어 암울하고 고통스러운 현실을 이겨 내는 에너지가 되기도 합니다. 다시 헤로도토스의 《역사》에 나오는 일화 하나를 소개할게요.

옛 리디아(튀르키예) 왕국에서 아티스라는 왕이 다스리던 시절, 전역에 심한 기근이 들었습니다. 처음에 사람들은 곧 해결되리라 믿으며 묵묵히 참고 견뎠지요. 하지만 시간이 가도 굶주림은 나아

질 기미가 보이지 않았어요. 끝이 보이지 않는 고통 속에서 허덕이던 사람들은 궁리 끝에 묘안을 내놓았습니다. 바로 주사위 놀이를 비롯해 다양한 종류의 게임을 개발한 것입니다. 그때부터 리디아인들은 하루는 온종일 게임을 하며 배고픔을 잊었고, 다음 날에는 게임을 하지 않고 음식을 먹었어요. 이렇게 하루걸러 게임과 섭식을 번갈아 하기를 무려 18년 동안 이어 갔다고 합니다.

기원전 3000년부터 고대 이집트인들은 '세네트'라는 보드게임을 즐겼습니다. 주사위를 던져 격자무늬로 된 게임판 위의 말을 움직이는 세네트는 사후 세계의 모험을 소재로 합니다. 이라크 남부 지역의 우르 왕릉에서는 기원전 2600년경에 사용하던 보드게임이 발견되기도 했습니다. 그런가 하면 그리스 신화에서 제우스와 포세이돈, 하데스가 주사위를 던져 각자 하늘과 바다, 지옥을 나눠 가졌다고도 하지요.

이처럼 게임은 스포츠와 더불어 인류가 가장 많이 즐기는 놀이입니다. 또 가장 오래됐기도 하고요. **디지털 게임은 보드게임이 가장 진화한 형태일 뿐입니다.** 게임은 그 어떤 문화양식보다 세상을 장악하는 속도가 빠릅니다. 게임이라는 단어가 사전에 만들어지기 수천 년 전부터 전 세계 사람들은 이미 다양한 게임을 즐겼어요. 종교나 군대는 국경을 넘어가면 분쟁을 일으키지만, 반대로 게임은 유대를 키웠습니다. 마치 축구가 인류를 하나로 묶어 주듯이.

❖ 세네트 놀이를 하는 네페르타리 왕비의 벽화.

최근 들어 게임은 스포츠의 한 종목으로 자리매김하고 있습니다. 2022년 항저우 아시안게임에서는 e스포츠가 정식 종목으로 채택됐어요. 전체 7개 종목 중 우리나라는 〈리그 오브 레전드〉 〈배틀그라운드 모바일〉 〈스트리트 파이터 V〉 〈FC 온라인〉에 출전해 좋은 성적을 거뒀습니다. 이밖에도 상대적으로 관심은 적었지만 바둑, 체스, 브리지(카드 게임의 일종) 등도 정식 종목으로 경기를 치렀어요. 전략적 사고 능력이 필요한 이 게임들은 '마인드 스포츠'라고 합니다. 정신 능력이 중요한 경기라는 의미이지요. 한편에서는 이러한 게임들을 스포츠에 편입시키는 걸 달가워하지 않는 입장도 있습니다.

하지만 놀이의 테두리 안에서 스포츠와 게임은 규칙과 결과의 불확실성, 경쟁 등 많은 것이 닮았습니다. **더구나 2021년 국제올림픽위원회(IOC)는 "더 빨리, 더 높이, 더 힘차게"라는 127년 된 올림픽 모토에 "다 함께"를 추가했습니다.** 게임이야말로 이 새로운 모토의 가치를 가장 잘 실현하고 있지 않나요. 캐나다의 커뮤니케이션 학자 마셜 맥클루언은 1960년대 초반, 미디어 기술의 발달로 지리적 거리가 축소되는 시대를 예견하며 '지구촌(Global Village)'이라는 용어를 처음 사용했습니다. 온라인으로 연결된 게임 속 세계는 그가 말한 지구촌에 가장 가까워요. 수천만의 사람들이 인종과 신념, 가치관의 차이를 뛰어넘어 함께 경쟁하거나 레이드(Raid, 다수의 플레이어가 던전을 공략하는 것)를 수행하니까요.

게임은 대중적인 관전 스포츠이기도 해요. 기성세대 중에는 '도대체 남이 하는 게임을 왜 보는 건지 이해 못 하겠다'는 분들도 있습니다. 게임에도 관심이 없는데, 관람은 뭐가 재밌는지 모른다는 겁니다. 하지만 e스포츠에 대한 편견은 세대 차이라기보다 경험의 부재에서 비롯됐다고 볼 수 있습니다.

이미 오래전부터 프로 바둑 기사들의 기전(棋戰, 바둑이나 장기의 승부를 겨루는 일)은 텔레비전에서 중계하고 있습니다. 바둑을 모르는 사람이 보기에는 너무도 정적인 대국 장면, 다큐멘터리를 보

e스포츠로 영감을 받는 시대

는 듯한 나지막한 해설은 자칫 지루해 보이기도 합니다. 하지만 1980~1990년대 조치훈 9단과 조훈현 9단에 이어 혜성처럼 등장한 이창훈 프로, 이세돌 9단이 맹활약한 2000년대에 이르기까지 바둑은 많은 이들의 관심을 받았습니다. 특히 2016년 이세돌 9단과 인공지능 알파고의 대국은 '세기의 대결'로 꼽힐 만큼 세계적인 화제를 낳았지요. 1997년 세계 체스 챔피언 가리 카스파로프와 인공지능 딥블루의 승부 또한 마찬가지였고요.

종목을 불문하고 사람들은 뛰어난 선수들의 플레이에 열광하며, 거기서 자신이 배울 만한 점을 찾습니다. e스포츠에도 메시나 네이마르, 오타니 쇼헤이 등과 같은 세계적인 플레이어인 '페이커' 이상혁이 있습니다. 2023년 12월, 영국의 대표 신문《더 타임스》는 그해 스포츠계에서 가장 영향력 있는 인물 10인 가운데 한 명으로 페이커를 선정했어요. 그의 선정 배경을 설명하는 기사의 마지막 문장은 다음과 같습니다.

"페이커와 우사인 볼트가 올림픽을 대표하는 주류 슈퍼스타가 돼 콘솔로 '스포츠'를 즐기는 날이 점점 가까워지고 있습니다."

예전에는 동네 오락실마다 인파를 모으는 스타플레이어 몇몇은 꼭 있었습니다. 〈스트리트 파이터 2〉〈더 킹 오브 파이터즈〉(이하 '킹오파')〈사무라이 쇼다운〉〈철권〉 같은 격투 게임이 본격적으로 등장한 1990년대, 오락실에는 100원짜리 동전 하나로 상대방 열댓

❖ 2023년 12월 《더 타임스》의 스포츠계 파워 10인에 선정된 페이커 기사.

e스포츠로 영감을 받는 시대

명은 손쉽게 보내 버리는 고수를 어렵지 않게 볼 수 있었어요. 이들 주변은 항상 구경꾼들이 둘러쌌습니다. 다들 고수의 플레이에 감탄하는 한편, 그가 사용하는 스킬과 콤보, 반격기 등을 참고하느라 눈을 바삐 움직였습니다. 그럴 때는 고수의 조이스틱 근처에 올려둔 동전(다음 차례를 기다린다는 표시)도 어느새 상대방 쪽으로 옮겨졌지요. (고수도 눈치 보며 피해야 할 사람들이 있었는데요. 첫째 오락실 주인, 100원으로 너무 오래 게임기를 독차지하는 아이가 보이면 가차 없이 오락기 전원을 꺼 버립니다. 둘째, 지는 걸 못 참는 다혈질 형. 게임이 끝나면 십중팔구 주먹 혹은 의자가 날아오거든요. 물론 극소수에 불과하지만 축구의 훌리건 비슷한 존재랄까요.)

작가 김동식은 산문집 《무채색 삶이라고 생각했지만》(요다, 2024)에서 1999~2002년 부산 영도구의 〈킹오파〉 챔피언으로 명성(!)을 날리던 이야기를 들려 줍니다. 동네에서 항상 기본 10연승을 올리던 그는 나중에 더 이상 도전자가 나타나지 않자 시내의 큰 오락실로 진출해요. 그곳에서 80연승을 넘겼던 김동식의 뒤에는 '수많은 인파'가 몰려들었지요. 사람들의 호응을 끌어내기 위해 일부러 질 것 같은 상황을 만들었다가 역전극을 연출하거나, 팔목이 아픈 척한 손으로만 조종하는 퍼포먼스를 보여 주면 오락실이 뒤집힐 듯한 환호가 터져 나왔다고 해요. 나중에 그는 〈킹오파〉 배틀팀에서 활약하며 전국 대회에도 출전합니다. 김동식 작가는 이때의 경험을 통해 영도 밖 세상을 구경하고 인터넷에도 입문할 수 있었다고 합니다.

1990년대 후반 PC방의 확산과 〈스타크래프트〉(이하 '스타') 열풍은 서로 상승효과를 일으켰습니다. PC방을 중심으로 열린 스타 대회가 인기를 얻으면서 자연스럽게 e스포츠 탄생으로 이어진 것이지요. 2005년 스타 리그 결승전을 보려고 12만 명이 모인 부산 광안리에서부터 2023년 최초로 롤드컵 거리 응원전이 펼쳐진 서울 광화문까지, 게임은 그 어떤 스포츠 못지않게 관중들의 사랑을 받고 있어요. 우리는 긴 시간 오락실과 PC방, 거리에서 그리고 트위치와 유튜브를 통해 누군가 게임하는 걸 보면서 성장해 왔고 앞으로도 그럴 것입니다.

2013년 7월, 비자 발급에 엄격하기로 유명한 미국 정부는 〈리그 오브 레전드〉 프로게이머 장건웅과 윤두식 등 다섯 명에게 처음으로 P-1비자를 발급했습니다. P-1비자는 이전까지 프로스포츠 선수들에게 발급했던 비자입니다. 당시 미국 매체는 정부가 프로 게이머들을 프로 선수로 인정한 것이라고 전했어요. 그리고 같은 해 12월에는 〈스타크래프트 2〉 프로게이머 김동환과 최성훈도 P-1비자를 받았습니다.

물론 한쪽에서는 곱지 않은 시선도 있었습니다. 스포츠 전문 채널 ESPN의 회장이었던 존 스키퍼는 "게임은 스포츠가 아니라 그저 경쟁에 불과하다"고 일축했습니다. 그는 스포츠의 본질이 무엇이라고 생각했던 걸까요? 2023년, 항저우 아시안게임에서 금메달을 목에 건 페이커는 "과연 e스포츠가 스포츠인가?"라는 다소 도발적이고 무례한 질문에 이렇게 대답했습니다.

e스포츠로 영감을 받는 시대

"경기를 준비하는 과정이 많은 분께 좋은 영향을 끼치고, 경쟁하는 모습이 영감을 일으킨다면 그게 스포츠로서 가장 중요한 의미라고 생각합니다."

여러분은 누구의 의견에 더 공감하시나요? 저 또한 게임이 인간에게 무한한 영감과 교훈을 준다고 믿습니다. 다음 장에서는 게임에 대해 좀 더 본격적으로 이야기해 보려고 해요.

[2장]

우리는 오픈월드에서 성장한다

마인크래프트 세대가
자라는 곳

소설 《원더》(R. J. 팔라시오, 책콩, 2023)는 선천적 안면 기형으로 인해 '특별한' 외모를 가진 소년 '어거스트 풀먼'의 이야기를 담고 있습니다. 스물일곱 번의 수술과 잦은 병치레 때문에 엄마와 홈스쿨링을 해 오던 어기(어거스트의 애칭)는 열 살이 되어서야 처음 학교에 들어가요. 자신의 외모에 대한 사람들의 편견과 거부감을 잘 알고 있던 어기는 학교생활에 대해 걱정이 많았습니다. 다행히 절친이 된 '잭'과 '서머' 덕분에 아이들의 괴롭힘과 따돌림 속에서도 어기는 서서히 적응해 갑니다. 하지만 핼러윈 날 잭이 실수로 어기의 험담을 하고, 코스튬 차림으로 모습을 감추고 있던 어기가 바로 앞에서 이를 들으면서 둘 사이는 갑자기 멀어져요. 자신의 잘못을 깨달은 잭은 어기에게 용서를 구하며 우정을 되찾으려 노력합니다. 그리고 페이스북 메시지를 주고받으며 오해를 풀지요.

홍미롭게도 《원더》를 원작으로 한 동명의 영화는 이 과정을 〈마인크래프트〉(이하 마크)로 각색했어요. 〈마크〉를 좋아하는 어기는 게임에 접속해 잭이 만든 웅장한 중세 성을 보면서 마음이 한결 풀어집니다. 잠시 후 거대한 범선 돛대 위에서

❖ R.J. 팔라시오의 소설을 원작으로 2017년에 개봉한 미국 영화 〈원더〉의 포스터.

잭의 진심 어린 사과를 받아들이며 둘은 다시 베프가 됩니다.

소설 이야기를 하나 더 소개할게요. 영국의 게임 저널리스트이자 작가 키스 스튜어트의 자전적 이야기를 담고 있는 《소년의 블록》(달의시간, 2020)에는 남편 '알렉스'와 아내 '조디', 자폐를 가진 여덟 살 소년 '샘'이 등장합니다. 알렉스는 아들을 사랑하면서도 샘이 보이는 갑작스러운 발작과 분노, 침묵 등을 버거워했어요. 때문에 그는 회사와 업무를 핑계로 아빠의 역할에서 끊임없이 도망칩니다.

결국 이를 견디지 못한 조디가 별거를 선언합니다. 그리고 얼마 후 알렉스는 회사에서 해고당하면서 백수 신세가 되지요.

이제 알렉스는 많은 시간을 아들과 함께합니다. 등하교 길에 동행하거나 카페에 가고 공원에서 놀이를 하지요. 무엇보다 알렉스가 샘을 이해할 수 있게 도와준 건 바로 〈마크〉. 아빠와 아들은 블록으로 이뤄진 자연을 누비면서 자원을 채취하고 도구를 만들어 성을 짓습니다. 그동안 샘과 산발적인 대화를 할 때마다 마음에 장벽을 느꼈던 알렉스는 이제 〈마크〉를 중심으로 눈높이를 맞추고 교감하며 그 벽을 조금씩 허물어 갑니다. 그리고 알렉스는 중요한 사실을 알게 됩니다. 〈마크〉를 플레이하거나 탐험 계획을 들려줄 때 샘에게서는 머뭇거림이나 두려움이 사라진다는 것을. 함께 동굴로 들어가 독거미와 싸우고, 에메랄드와 흑요석을 채굴하는 모험을 통해 샘은 서서히 자신감을 회복해 갔어요. 그리고 알렉스는 결심합니다. 아들의 그 자신감을 게임 밖 세상에서도 시험해 보기로. 그렇게 샘을 데리고 〈마크〉 건축 대회에 나가기로 합니다.

〈마크〉 속 세계에서 샘은 좋은 친구들을 만납니다. 또 인생이 모험과 같다는 걸 배우지요. 한편으로 알렉스에게는 〈마크〉가 아들과 이어 주는 공감의 끈이기도 해요.

잘 알려진 것처럼 〈마크〉에는 화려한 그래픽이나 강렬한 서사가 없습니다. 밤이 되면 나타나는 온갖 몬스터로부터 살아남으며 무언가를 만들어 내는 게 전부지요. 물론 최종 보스 격인 엔더 드래곤이

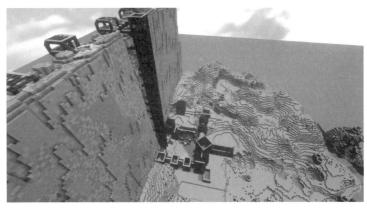

❖ 드라마 〈왕좌의 게임〉 속 밤의 경비대가 지키는 장벽을 〈마크〉로 구현한 작품.

있지만, 게임을 즐기는 하나의 방식일 뿐 궁극적인 목표가 되지는 못합니다. 이런 단순함과 자유분방함이야말로 〈마크〉가 가진 매력입니다. 블록 수나 공간의 제한이 없는 레고의 디지털 버전이라고 할까요. 〈마크〉를 어떤 게임인지 규정하는 건 오로지 유저의 상상력에 달려 있습니다.

콘텐츠 공유 사이트인 레딧(www.reddit.com)에서는 전 세계 〈마크〉 장인들의 작품을 만나 볼 수 있습니다. 수년째 〈해리포터〉의 호그와트 마법 학교를 재현하는 데 열정을 쏟거나, 닌텐도 명작 게임 〈젤다의 전설: 야생의 숨결〉에 나오는 하이랄 성을 짓고, 드라마 〈왕좌의 게임〉 속 웨스테로스 대륙의 킹스랜딩·드래곤스톤·윈터펠 등을 구현한 모습을 볼 수 있습니다. 그런가 하면 〈마크〉를 기초 화학이나 코딩을 가르치는 데 활용하기도 합니다.

무엇보다 《소년의 블록》 이야기는 현실에도 존재한답니다. 자폐증을 가진 아들을 둔 캐나다의 웹 개발자 '스튜어트 던컨'. 그는 2013년 자폐아동·청소년들이 언어폭력과 괴롭힘, 따돌림에 시달리지 않고 게임을 즐길 수 있는 있는 서버 Autcraft(자폐증과 마크의 합성어)를 만들어 운영하고 있지요. 차별에 반대하고 이해심 가득한 이 디지털 공동체에서 아이들은 의사소통 방법부터 읽고 쓰는 법까지 배운다고 해요. 이 서버는 "아이들은 안전하고 행복하다고 느낄 때 배운다"는 던컨의 신념이 담긴 공간입니다.

게임 연구자인 케이티 샐런은 〈마크〉의 멀티플레이가 의사소통과 협업 능력, 끈기, 계획 수립 등을 개발하는 데 유용하다고 말합니다. 이런 능력은 다양한 분야에 적용될 수 있어요. 예컨대 함께 성을 만들면서 쌓은 팀워크와 의사소통 능력은 학교나 직장에서도 도움을 준다는 것이지요. 즉, 게임을 하면서 배운 기술이나 능력은 현실에서도 도움이 됩니다.

사실 이런 현상은 일상에서 어렵지 않게 경험할 수 있습니다. 예를 들어 자전거를 탈 줄 알면 오토바이 역시 더 쉽게 탑니다. 스케이트보드와 스노보드 같은 경우도 마찬가지고요. 또 평소 요리를 즐기는 사람이라면 화학이나 물리학을 좀 더 쉽게 이해할 수 있지요 (그 반대의 경우도 가능해요). 회화의 구도와 색채를 이해하면 사진 촬영에서 더 좋은 결과물을 얻을 수 있고요.

❖ 자폐증을 가진 아이와 가족을 위한 마인크래프트 서버 Autcraft.

　지금의 10~20대를 '마인크래프트 세대'라고도 한다지요. 그래서 일까요. 저도 〈마크〉보다는 도시를 경영하는 〈심시티〉 시리즈 같은 게임에 더 익숙하기는 합니다. 〈심시티〉 또한 어떤 목표도, 막아야 할 적도, 엔딩도 없지요. 단지 파산하지 않고 각자 자신의 도시를 만들어 발전시키는 것을 무한히 반복할 뿐이에요. 어떤 도시가 아름답고 살기 좋은가는 플레이어가 가진 상상력에 달려 있습니다. 〈심시티〉가 처음 나온 게 1989년인데 그때 이미 건설로 도시를 배울 수 있는 게임이 나온 겁니다. 실제로 서울시립대의 도시공학과에서는 〈심시티〉를 수업 교재로 사용하기도 했어요.

유한 게임과 무한 게임

〈심시티〉를 비롯해 〈마크〉 같은 게임의 장르를 '샌드박스(Sandbox)'라고 부릅니다. 말 그대로 모래 놀이터에서처럼 무엇이든 할 수 있고, 만들 수 있는 자유로움이 특징이지요. 이런 샌드박스 게임이 가진 매력을 어떻게 설명할 수 있을까요?

미국의 종교학자 제임스 P. 카스는 《유한 게임과 무한 게임》(마인드빌딩, 2021)에서 게임을 '유한 게임'과 '무한 게임' 두 가지로 나눕니다. 둘의 공통점과 차이를 간단히 요약하면 다음과 같습니다.

유한 게임	무한 게임
[공통점] 스스로 원해서 게임을 한다	
승리가 목적	게임 자체의 지속이 목적
공간적·수적 경계가 있다 (예 : 경기장, 플레이어 수)	경계가 없다 (경계를 제거한다)
시작과 끝이 있다	무한대의 시간
규칙을 준수한다	규칙을 만들어 나간다

《유한 게임과 무한 게임》은 게임 이론에 관한 책은 아닙니다. "인생이라는, 절대 끝나지 않는 게임에 관하여"라는 한국어판 부제가 보여 주듯, 지은이는 우리의 삶을 게임에 비유하고 있어요. 학생, 직장인, 자영업자, 부모의 역할을 수행해 가는 것이 유한 게임이라면, 이 모든 플레이가 끝없이 이어지는 인생이야말로 무한 게임을 닮았다는 말입니다.

샌드박스 게임은 무한 게임에 가깝습니다. 학교 시험에서 높은 점수를 받는 것도 좋지만(유한 게임), 배움 그 자체를 즐기는 삶(무한 게임)에 의미를 두는 것의 차이랄까요. 유한 게임에서는 '규칙의 지배자'가 되는 것이 목표입니다. 유한 게임의 플레이어는 승리하기 위해 상대의 수를 예측하고, 미래의 모든 가능성을 내다보려고 하죠. '게임을 잘한다'는 건 조작의 능숙함은 물론 예측의 정확함을 의미합니다. 쉬운 예로 액션·슈팅 게임의 고수는 적이 등장하는 위치와 공격 패턴, 아이템이 나오는 장소 등을 예측하는 데 뛰어나요.

1990년대 아케이드 황금기, 동네 오락실에는 드물지만 다분히 과시(!)를 위해 모든 패턴을 외워서 플레이하는 이들도 있었습니다.

반면 무한 게임에서는 불확실성이야말로 즐거움의 핵심입니다. 애니메이션 〈주먹왕 랄프2〉에서 등장인물인 레이싱 게임 〈슈가 러시〉의 캐릭터 '바넬로피'는 이렇게 말합니다.

"다음에 뭐가 일어날지 알 수 없는 그런 기분, 그게 내겐 바로 인생이었어."

아이처럼, 초심자처럼 항상 나를 놀라게 해 줄 무언가를 기다리는 즐거움. 플레이어는 이 과정에서 자기만의 규칙을 만들어 나갑니다. 그래서 유한 게임에서는 놀라움이 게임을 끝내지만, 무한 게임에서는 플레이를 이어가게 해 줍니다. 즉, 유한 게임은 경계 안에서 플레이하고, 무한 게임은 경계들을 가지고 플레이합니다.

닌텐도 스위치의 〈모여봐요 동물의 숲〉(이하 '모동숲')은 동물들이 사는 무인도에 이주하는 것으로 시작합니다. 이 새로운 삶이 만약 현실이었다면 막막하게만 느껴졌을 상황이지만 게임에서는 큰 매력으로 다가옵니다. 〈모동숲〉에는 경쟁도 없고 반드시 수행해야 할 임무도 없습니다. 마음이 내키는 대로 숲속을 돌아다니며 과일을 채집하거나 곤충을 잡고, 낚시를 즐길 수 있어요. 그마저도 귀찮아지면 가만히 밤하늘의 별을 감상하거나(별멍) 바다를 바라보기도(물멍) 하지요. 집을 지으려고 대출받은 돈을 어서 갚으라고 독촉하는 이도 없습니다. 이곳에서는 대출금을 갚기 위해 무밭을 일구는

✦ "아무것도 없기에 무엇이든 할 수 있는 곳"인 〈모동숲〉의 한 장면.

것마저도 즐겁습니다.

　슬렁슬렁 슬로라이프를 즐기는 〈모동숲〉처럼 무한 게임의 목적은 승리가 아닙니다. 절대 끝이 없다는 걸 알면서도 즐기니까요. 〈테트리스〉도 그렇습니다. 1984년, 구소련의 모스크바 과학 아카데미에서 근무하던 알렉세이 파지노프가 만든 게임으로 개발자 자신은 물론이고, 그의 동료들은 하나같이 이 게임을 한번 시작하면 도저히 멈추지 못할 만큼 엄청난 몰입감을 경험했다고 하지요.

　파지노프의 친구인 블라디미르 포힐코는 〈테트리스〉를 자신이 일하는 모스크바 의학 연구소로 가져갔는데, 많은 직원들이 일을 중단한 채 게임만 했을 정도입니다. 결국 연구소 내 모든 컴퓨터에서 게임을 삭제하고 나서야 일상을 되찾았다는 일화도 있습니다.

　〈테트리스〉는 자국을 넘어 동유럽으로 퍼지고 곧 세계적인 게임이 되었지요. 항간에는 소련이 당시 적이었던 서방세계를 망가뜨리려고(!) 이 게임을 퍼트렸다는 음모론이 나오기도 했답니다. 〈테트리스〉의 역사를 자세히 알고 싶은 분에게는 그래픽노블 《테트리스》(박스 브라운, 한스미디어, 2017)와 태런 에저턴이 주연한 동명의 영화를 추천합니다.

〈테트리스〉는 지금도 〈애니팡〉〈캔디크러쉬사가〉〈뿌요뿌요 테트리스〉 등 비슷한 캐주얼 게임으로 계속 출시되고 있을 만큼 그 자체로 하나의 장르가 됐다고 할 수 있어요. 위에서 계속 내려오는 블록을 맞추면서 없애는 간단한 게임이지만, 누구도 정복할 수 없이 난이도가 높아집니다. 결국 사람들은 승리가 아닌 계속 즐기기 위해서 〈테트리스〉를 플레이합니다.

최초의 MORPG(다중 사용자 온라인 롤플레잉 게임)로 불리는 전설적인 게임 〈머드〉를 개발한 영국의 게임학자 리처드 바틀. 그는

무한 게임에서 난공불락의 게임이 된 〈테트리스〉?!

이 원고를 쓰던 중 놀라운 뉴스를 접했습니다. 2023년 12월, 〈테트리스〉의 끝을 본 '최초의 인간'이 탄생했습니다. 그 주인공은 미국 호클라호마 주에 사는 윌리스 깁슨이라는 열세 살 소년인데요. 레벨 157에 도달하며 점수가 '999999'가 되자 더 이상 게임을 지속할 수 있는 코드가 없어 멈춰 버리는 이른바 킬 스크린(Kill Screen)이 됐습니다. 이제 〈테트리스〉의 승률은 '99.9999%'가 됐으니 난공불락의 게임 정도로 다시 정의해야겠군요.

1996년 〈하트, 클로버, 다이아몬드, 스페이드 : 머드를 즐기는 플레이어들〉이라는 글에서 〈머드〉 플레이어의 유형을 '성취가, 탐험가, 사교가, 킬러'로 나눴습니다. 게임 트렌드에 비춰 다소 오래된 이론 같겠지만, 여전히 게이머의 동기를 이해하는 데 있어 가장 많이 참고할 정도로 유용한 글입니다.

내용을 살펴보면 성취가형(다이아몬드)은 가장 비중이 높은 유형으로 레벨을 올리면서 많은 보물을 얻는 걸 목표로 삼아요. 탐험가형(스페이드)은 가상 세계 이곳저곳을 탐험하며 새로운 지역과 정보를 알아냅니다. 창의적인 플레이를 즐기며 게임의 버그를 찾아내기도 합니다. 사교가형(하트)은 다른 플레이어들과의 대화를 더 중요시해요. 게임이라는 공통의 취미 속에서 관심사가 같은 사람을 만나 공감과 지지를 나누며 기쁨을 느끼지요. 이들에게 게임은 소

온라인상에서 다수의 유저가 '글'로 즐기는 게임, 머드   Tip

〈머드(MUD)〉는 〈멀티 유저 던전(Multi-User Dungeon)〉의 약자로 1978년 컴퓨터공학을 전공한 로이 트럽쇼와 리처드 바틀이 개발한 온라인 멀티플레이 게임입니다. 그래픽 요소가 없는 텍스트 기반의 게임이지만, 여러 플레이어가 실시간으로 만날 수 있었기에 당시로서는 파격적이었어요.

〈머드〉는 캐릭터 설정부터 모험과 전투에 이르기까지 모든 게임의 진행이 마치 채팅하듯 텍스트로 진행됩니다. 예를 들어 플레이어가 이동하려면 "북쪽으로" "안으로" 같은 말을 입력해야 합니다. 또 다른 사람에게 메시지를 보낼 수 있을뿐더러, 협동 플레이로 퀘스트를 수행할 수 있었습니다.

초기에는 〈머드〉 인트라넷으로만 접속이 가능했지만, 1980년 인터넷의 전신인 아르파넷에 연결되면서 최초의 MORPG가 됐어요.

통을 위한 수단이에요. 킬러형(클로버)은 흔히 PK(Player Kill)라고 해서 다른 플레이어를 죽이거나 물리적 피해를 주는 데서 희열을 느끼는 유형입니다. 이처럼 바틀이 분석한 플레이어 유형은 어느한 가지에 고정되지 않고 다양하게 나타납니다.

MMO(대규모 다중 사용자 온라인) 게임에 대한 비교적 최근의 연구를 좀 더 볼까요. 사회심리학자 '닉 이'는 2003년부터 6년에 걸쳐 5만여 명의 플레이어들을 대상으로 설문 조사를 진행했습니다. 그리고 이를 토대로 게이머의 유형을 다음의 세 가지로 나눴습니다. 바틀의 분류와 참고해 여러분도 자신이 어떤 유형의 게이머인지 한번 확인해 보는 것도 좋겠어요.

- 성취
- 사회적 상호작용
- 몰입

각각의 동기는 다양한 방식으로 충족될 수 있습니다. 먼저 **성취**의 경우 누군가는 레벨업을 통해 새로운 기술이나 장비를 습득하는 과정을 중시해요. 자신이 계속 성장해 가고 있다는 걸 확인하는 것이지요. 혹은 다른 플레이어들과의 경쟁에서 최고가 될 때 만족감을 느낄 수도 있습니다.
사회적 상호작용의 경우 게임은 누군가와 대화를 나누는 데서 충족됩니다. 게임을 통해, 심지어 게임을 그만두고 나서도 우정을 나누는 좋은 친구를 사귈 수 있기를 기대합니다. 또 길드나 레이드 같은 활동을 통해 팀워크를 경험하기도 합니다.

몰입에 관심 있는 게이머는 게임의 서사에 자신을 연결시키고는 해요. 게임 캐릭터에 자기만의 이야기를 담아 동질감을 높이지요. 혹은 오픈월드를 탐험하며 게임에 대한 정보와 지식을 쌓아 가는 이른바 '덕질'에서 보람을 느낄 수도 있고요.

닉 이는 각자의 유형이 서로 배타적이지 않다고 말합니다. 게임을 하는 과정에서 범주가 변하기도 하고요. 예를 들어 처음 게임을 시작했을 때에는 레벨을 올리는 데 집중하다가, 나중에 사람들과 소통하는 데 더 많은 시간을 할애하는 것이지요.

여기서 소개한 플레이어의 범주는 자신의 게임 스타일을 가늠하는 데도 유용하지만, 간혹 조절이 어려울 만큼 게임에 빠지는 상황일 때 현실의 문제를 들여다보는 힌트가 되기도 합니다. 이를테면 PvP(플레이어 대 플레이어)로 다른 플레이어를 죽이거나 제압하는 데 집착하고 있다면, 주변의 누군가에게 복수하고 싶거나 강해지고 싶은 욕구를 드러내는 건 아닐지 생각해 볼 수 있습니다. 혹은 아이템 강화나 레벨업, 캐릭터 육성에 과도하게 매달린다면 현실에서 성과에 대한 압박이 심한 건 아닌지 되돌아 볼 수 있겠지요. 또 길드나 클랜 같은 온라인 친구들과의 소통에서만 즐거움이 느껴진다면, 깊은 외로움 혹은 사회적 유대에 대한 갈망이 있는지 살펴보는 것도 좋습니다.

재미와 몰입의 원동력

게임은 왜 재미있을까요? 이렇게 묻고 나니 문득 2000년대 초 TV 드라마 〈대장금〉의 한 장면이 떠오르네요. 죽순채를 맛본 주인 공 장금이가 음식에 사용된 단맛이 홍시를 넣은 것이라고 알아맞 히자 상궁이 그 이유를 묻습니다. 이때 장금이의 반응이 인상적입 니다.

"홍시 맛이 났는데… 어찌 홍시라 생각했느냐 하시면… 그냥 홍 시 맛이 나서 홍시라 생각한 것이온데….."

게임도 그렇지요. 우선 재밌어서 하는 건데 왜 재미있는지 묻다 니요. 그렇다면 재미란 무엇일까요? 재미란, 모두가 어떤 방식으로

든 느끼고 있지만 말로 정의하기는 어려운 경험입니다.

미국의 과학저널리스트 캐서린 프라이스는 《파워 오브 펀》(한국경제신문, 2023)에서 재미의 본질, 우리 삶을 재미로 채우는 방법 등에 대해 흥미로운 이야기를 들려줍니다. 그는 먼저 다양한 국적을 가진 1,500여 명의 사람들을 모집하고 그들에게서 재미와 관련한 경험과 의견을 수집합니다. 이를 바탕으로 재미가 '장난기, 유대감, 몰입'이라는 세 가지 요소로 이뤄졌다고 결론 내려요.

장난기는 말 그대로 보상이나 결과를 신경 쓰지 않는 가볍고 자유로운 마음을 의미합니다. 일상에서의 역할과 의무를 내려놓고 편안함 속에서 웃음을 터뜨릴 준비가 된 상태입니다.

유대감은 다른 존재(사람이나 동물)와 특별한 경험을 공유할 때 느끼는 감정이에요. 사람은 혼자 있을 때보다 유대감을 가질 때 더 많이 웃습니다. 장난기와 유대감은 서로 상승효과를 냅니다.

몰입에 대해서는 좀 더 비중 있게 다룰 필요가 있는데요. 어떤 게임이 '중독적'이라면, 대부분 몰입의 요소를 갖고 있다고 봐도 좋습니다. 1990년, 미국의 심리학자 미하이 칙센트미하이는 어떤 행위에 푹 빠져서 집중하는 상태를 '몰입(Flow)'이라고 규정했어요. 일반적인 영어 단어로는 흔히 Immersion을 쓰는데 그는 Flow(흐름)를 사용했습니다. 그 이유는 초집중 상태가 되면 의식하지 않고도 행동이 물 흐르듯 자연스럽게 이루어지기 때문이지요. 동서고금을 막론하고 예술가와 운동선수, 종교인 등이 몰입을 쉽게 경험합니다.

쉬운 예를 들어 볼게요. 사람은 원치 않는 일을 할 때 으레 잡생각이 끼어듭니다. 억지로 책상 앞에 앉아 공부를 하거나 그저 돈을 벌려는 목적으로만 노동을 할 때가 그렇지요. 10분이 한 시간처럼 느껴집니다. 반면 게임을 할 때는 어떤가요. 잡생각이 비집고 들어올 틈이 없지요. 게임을 시작한 지 얼마 지나지 않은 것 같은데 어느새 서너 시간이 훌쩍 지나가 있기도 합니다.

그런데 단순히 재미있다고 해서 몰입할 수 있는 걸까요? 몰입은 생각보다 까다로운 선행 조건 세 가지를 요구합니다.

첫 번째, **구체적인 목표**. '무엇을 성취할 것인가'를 묻는 겁니다. 목표가 있으면 성과를 구체적이고 정량적으로 측정할 수 있어요. 목표는 최종 목표인 '장기적 목표'와 과정의 일부인 '단기적인 목표' 두 가지로 나눕니다.

두 번째, **적절한 난이도**. 칙센트미하이는 몰입이 쉽지도 않고 아주 버겁지도 않은, 즉 중상급 난이도의 과제를 모든 실력을 발휘해 풀어낼 때 나타나는 현상이라고 말합니다. 만약 실력은 뛰어난데 과제의 난이도가 낮으면 싫증과 권태를 느끼고요. 반대로 과제의 난이도는 높은데 이를 극복할 실력이 떨어지면 불안과 두려움에 젖다가 금세 포기하게 됩니다.

세 번째, **정확한 피드백**. 과제를 수행하는 동안 실시간으로 피드백이 주어져야 목표 또는 과제의 난이도를 조절해 나갈 수 있습니다.

칙센트미하이의 이론에 따르면 본래 몰입에 들어가려면 수개월에서 수년 동안 기술과 실력을 갈고 닦아야 합니다. 스텝이나 기본기를 떼지 못한 상태에서는 춤에 몰입할 수 없듯이요. 그런데 게임을 하면 대부분 그 즉시 몰입을 경험할 수 있습니다. RPG나 어드벤처 장르 등을 보면 각각의 퀘스트(단기적 목표)를 수행하면서 엔딩을 향해 나아갑니다. 액션 게임에서는 스테이지마다 존재하는 중간 보스를 차례로 쓰러뜨려야 하고요. 그리고 플레이어가 얼마나 목표에 다가서고 있는지 점수와 레벨, 진행률 등 구체적인 수치를 피드백으로 볼 수 있습니다.

무엇보다 게임은 유연한 난이도 시스템을 갖고 있습니다. 그래서 과제를 완수하고 나면 이전보다 약간 더 어려운 과제를 부여합니다. 현재 레벨에 맞춰 적의 스탯(능력치, 통계를 뜻하는 Statistics의 약자)이 오르기도 하고요. 퍼즐이나 미로, 시공간의 제약, 플레이 패턴의 변화 등으로 끊임없이 플레이어의 호기심과 도전 의식을 자극합니다.

현실에는 '불러오기' 기능이 없지만, 게임에서는 실패하더라도 언제든 다시 시작할 수 있습니다. 어떤 위험이 오더라도 낙관주의자의 품격을 잃지 않아요. 성장이 계속되는 한 수백 시간이 넘는 플레이도 즐겁게 받아들입니다. 〈아라비안 나이트〉 속 셰에라자드가 술탄에게 천 일 밤 동안 들려준 이야기와도 같지요.

게임에는 몰입의 원동력인 자기목적성(Autotelic)이 있습니다. 사람은 돈이나 명예 때문이 아니라 순수한 재미를 위해 게임을 해요(프로게이머라는 예외의 경우도 있긴 하지만요). 게임을 하는 경험 그 자체가 보상이 되는 것입니다.

'따로'와 '서로'가
공존하는 장소

MMORPG 〈월드 오브 워크래프트(World Of Warcraft, 이하 '와우')〉에는 호드 타우렌 부족이 사는 멀고어 중앙에 블러드 후프라는 마을이 있습니다. 이곳에서 플레이어는 반려견 카일을 잃어 버린 목동 '아합 윗후프'를 돕는 퀘스트를 수행할 수 있습니다. 굶주린 채 떠도는 카일을 위해 타조 고기를 주는 간단한 임무지요. 이 퀘스트는 낮은 보상과 난이도 때문에 유저들에게 그다지 깊은 인상을 주지는 못했어요. 그런데 2008년 가을, 수많은 이들이 '사라진 강아지 카일' 퀘스트를 수행하며 눈물을 흘렸습니다. 여기에 얽힌 안타까운 소식 때문입니다.

2007년, 뇌종양으로 투병 중이던 열한 살 소년 에즈라 피닉스 채터튼이 와우의 게임 회사인 블리자드 본사를 방문합니다. 아버지와 함께 와우를 즐기던 열혈 유저 소년은 직접 캐릭터를 만들고 싶다는 꿈을 갖고 있었지요. 그리고 이 사연을 접한 메이크어위시(난치병 어린이들의 소원을 들어주는 후원 재단)의 주선으로 블리자드에서 목동 아합의 목소리를 녹음하고 석궁 아이템도 함께 디자인했어요. 또한 카일은 실제 에즈라의 반려견 이름에서 따왔답니다. 뿐만 아니라 블리자드는 탈것 중 하나인 불사조 알라르를 처음으로 소년에게 탈 수 있게 해 주었습니다. 하지만 2008년 10월, 에즈라는 결국 병을 이겨내지 못하고 눈을 감습니다.

에즈라의 부고가 전해지자 수많은 플레이어가 멀고어로 몰려들어 퀘스트를 수행하며 그를 추모했어요. 관련 커뮤니티에도 추모의 글이 올라왔습니다.

"네가 많은 이들을 위해 반짝였듯이, 빛이 항상 널 위해 빛나기를 바랄게."

"멀고어 근처를 지날 때마다, 난 잠시 아합에게 날아가 그의 앞에 무릎을 꿇지. 편히 쉬세요, 전사여."

블리자드는 소년을 기리기 위해 새로 추가한 NPC에 '에즈라 윗후프 장로'라는 이름을 붙이기도 했습니다. 이로써 〈와우〉의 유저들은 에즈라를 만나 함께 대화를 나눌 수 있게 됩니다.

〈와우〉의 가상 세계 곳곳에는 또 다른 추모의 흔적도 마주할 수

❖ 뇌종양으로 세상을 떠난 에즈라 피닉스 채터튼.

❖ 에즈라가 목소리를 연기한 NPC 아합 윗후프.

❖ 에즈라의 이름을 딴 에즈라 윗후프 장로.

있습니다. 예컨대 스톰윈드 성에서는 마블 코믹스의 아버지로 유명한 미국의 만화가·영화제작자 스탠 리(Stan Lee)를 빼닮은 NPC 스탠리(Stanley)가 등장합니다. 이 캐릭터는 궁 안을 걸으면서 사람들에게 손을 흔들고 "엑셀시오르(Excelsior, 높이 더 높이)"라고 외치는데, 이는 고인이 생전에 즐겨 쓰던 말입니다. 또 나그란드 인근 섬에 가면 2014년 세상을 떠난 미국의 배우이자 코미디언인 로빈 윌리엄스에게 헌정하는 캐릭터 '로빈'을 만날 수도 있습니다. 로빈은 램프를 문지르면 "무한한 우주의 힘(Infinite Cosmic Power)"이라고 말하며 등장하는데요. 이 역시 고인이 목소리를 연기했던 애니메이션 〈알라딘〉의 주인공 지니를 오마주한 거랍니다. 이밖에도 블리자드는 병과 사고로 안타깝게 요절한 자사 임직원, 길드 유저 등을 추모하는 NPC와 구조물을 계속해서 선보이고 있습니다.

고대 그리스인들은 영웅이나 선하고 의로운 사람들이 죽으면 그들의 영혼이 축복받은 자들의 땅인 엘리시움에 간다고 믿었어요.

'따로'와 '서로'가 공존하는 장소

❖ 마블의 아버지 스탠리 NPC.

❖ 배우 로빈 윌리엄스에게 헌정한 캐릭터.

플라톤이 쓴《고르기아스》에서 소크라테스도 이와 같은 이야기를 했습니다. 그런 의미에서 아제로스 대륙은 엘리시움의 디지털 버전이라고 할 수 있지 않을까요.

우리 곁을 먼저 떠난 소중한 존재를 되살리는 방법은, 그의 모습과 언행을 기억하고 기록에 남겨 두는 거예요. 그러다 모두에게서 잊혀지고, 어디에서도 발자취를 찾을 수 없을 때에야 그 영혼은 완전히 소멸하지요. 비석, 추도문, 조각상, 그림 등은 아주 오래전부터 그런 마음을 담아 고인에게 바치던 작은 선물이랍니다. 디지털

오마주(Hommage)   Tip

프랑스어로 '감사, 경의, 존경'을 의미한다. 콘텐츠 제작자가 자신이 존경하는 사람의 업적을 기리기 위해 다른 작품의 주요 장면이나 대사를 인용하는 것을 말한다.

시대에는 이런 고전적 방식에 소셜미디어와 게임이 더해졌을 뿐이에요.

저도 얼마 전부터 〈마크〉에서 고양이 별로 떠난 반려묘 '릴리'와 '타로'를 위한 공간을 만들어 주기 위해 틈틈이 연습하는 중입니다. 이렇게 탄생한 캐릭터들은 어쩌면 인간의 생이 끝난 이후에도 계속 살아갈지 모릅니다. 적어도 서버가 꺼지기 전까지 말이에요.

2005년에 발생한 '오염된 피 사건'에 대해서도 이야기해 볼까 합니다. 〈와우〉의 레이드 중에는 학카르라는 몬스터를 상대해야 하는 줄구릅 던전이 있는데요. 학카르가 사용하는 '오염된 피'라는 공격을 당한 플레이어는 일정 시간마다 계속 체력이 줄고, 접촉하는 다른 플레이어에게도 병이 전염됩니다. 물론 던전을 공략하고 나오면 이 병은 사라지지요. 그런데 여기에 예기치 못한 오류가 숨어 있었습니다.

〈와우〉의 직업 중 하나인 사냥꾼이 소환하는 펫이 감염될 경우, 던전 밖을 나와 다시 소환할 때에도 여전히 감염된 상태였던 겁니다. 이 상황을 모른 채 펫은 이곳저곳을 돌아다니며 병을 퍼뜨립니다. 설상가상으로 시스템 특성상 죽지 않고 계속 체력을 회복하는 경비병 NPC들은 슈퍼 전파자가 돼 플레이어들이 마을로 들어오는 족족 병을 옮겼어요. 블리자드는 운영자(GM, Game Maste)를 파견해 마을 출입을 통제하는 한편 감염자들을 격리하는 등 전염병 확산에 대응합니다. 하지만 운영자마저 감염돼 상황이 건잡을 수 없을 정

　　　　　　　'따로'와 '서로'가 공존하는 장소

가상 세계의 팬데믹에 대처하는 두 가지 자세	
이기적인 행동	이타적인 행동
슈퍼 전파자 재미 삼아 혹은 일부러 도시 곳곳을 활보하며 다른 플레이어들을 감염시킴.	**사회적 거리를 둔 자가 격리자** 자신의 감염 사실을 알리고, 다른 플레이어를 전염시키지 않기 위해 외진 곳에 은둔하는 플레이어.
사기꾼 일반 아이템을 치료제라고 속이며 판매함.	**방역 활동을 한 자경단** 격리를 피해 다른 지역으로 도망가는 플레이어를 붙잡기 위해 자경단을 결성. 마을 입구에서 도시로 들어오는 이들에게 전염병 상황을 알림.
	의료봉사자 일시적인 효과임에도 자신의 힐링 기술을 이용해 다른 플레이어의 체력을 회복시킴.

도로 치닫자 결국 서버를 리셋하고 말았습니다.

20여 년 전에 일어난 가상 세계의 팬데믹이 지금까지 언급되는 이유는 무엇일까요. 전염병에 대처하는 현실 세계의 모습을 투영하고 있기 때문입니다. 오염된 피 사건은 5일 만에 수습됐지만, 이 기간 일부 플레이어들이 보여 준 행동은 무척 인상적이었습니다.

사례 하나를 더 볼까요. 엔씨소프트의 〈아이온〉은 2010년 전후 큰 인기를 얻었던 국산 MMORPG입니다. 〈게임 속 이타심(Altruism in games)〉(강아름, 2014)이라는 논문에 따르면, 낯선 이 또는 친구나 길드원에게서 아이템을 기부 받은 경우 나중에 다른 플레이어에게

조건 없이 아이템을 기부하는 경향이 높았습니다. 더구나 기부를 하거나 받아 본 플레이어는 그런 경험이 없는 플레이어보다 더 오래 게임을 한 것으로 나왔어요. 게임 속에서도 선행이 선행을 낳은 겁니다. 왜 이들은 시간과 열정을 들여 굳이 게임 진행과 전혀 상관없이 선의를 발휘했을까요.

미국의 지리학자 이 푸 투안은 《공간과 장소》(사이, 2020)에서 공간이란 개방성과 자유를, 장소는 안전과 안정을 상징한다고 말합니다. 공간은 바다와 여행지처럼 광활한 모험의 대상이고, 장소는 집이나 고향 같은 친밀함을 안겨 줍니다. 게임을 시작하는 유저들에게 이곳은 모험의 '공간'이었지만, 시간이 흐르면서 점차 각자의 추억으로 채워진 친밀한 '장소'라는 의미가 더해진 것은 아닐까요.

게임 속 오픈월드는 더 이상 현실과 괴리된 공간이 아닙니다. 흔히 게이머에 대한 부정적인 인식 중 하나가 사회성의 결여지요. 여전히 (하드)코어 게이머 하면 어두운 방구석이나 PC방에 틀어박혀 게임만 하는 이미지를 떠올리기도 합니다. 하지만 이미 많은 사람들이 다중 접속 게임을 통해 관계를 맺고 유대감을 쌓고 있어요. 이병일 시인의 시 〈배틀그라운드〉에서 십대 청소년인 화자는 매주 금요일 밤이 오기만을 고대합니다. 10시부터 게임을 할 수 있기 때문이에요. 게임만큼 즐거운 게 또 있으니 한 달에 한 번 있는 오프라인 클랜 모임. 각지에서 모인 형, 누나들과 함께 맛집에 가거나 진로 상담을 받기도 하죠. 평소에 내성적이던 화자도 이 날은 말수가 늘고 활달해집니다.

'따로'와 '서로'가 공존하는 장소

온라인에서의 익명성은 타인을 공격하는 도구로 자주 지적되고
는 합니다. 하지만 앞서 소개한 《원더》《소년의 블록》〈배틀그라운
드〉에서 보여 주듯 친구를 사귀는 데 어려움을 겪는 사람들이 인간
관계를 넓히는 데 도움을 줄 수 있어요.

미국의 사회학자 레이 올든버그는 1989년 《제3의 장소 : The
Great Good Place》(풀빛, 2019)에서 '제3의 장소'라는 용어를 처음
사용합니다. 제1의 장소는 가정, 제2의 장소는 직장으로 사람이 가
장 많은 시간을 보내는 곳입니다. 하지만 갈수록 심화되는 1인 가
구의 증가와 과열된 경쟁 등으로 인해 혼밥·혼술·혼행(혼자 여행)·
혼캠(혼자 캠핑)처럼 개인주의적 일상의 비중이 점점 높아지고 있어
요. 올든버그는 가정이나 일터 밖에서 사람들과 자연스럽게 어울릴
수 있는 공공장소인 '제3의 장소'가 이런 불균형을 맞춰줄 수 있다
고 말합니다. 오래된 동네 카페, 술집, 미용실, 책방이나 도서관 같
은 곳이요.

제3의 장소에는 다음과 같은 특징이 있습니다. ① 서로 친밀하게
지내지만 프라이버시는 침범하지 않고, 누구나 드나들 수 있는 '중
립지대'의 성격. 즉 편안하지만 절대 선을 넘지는 않아야 해요. ②
바깥에서의 지위에 상관 없이 비빔밥 혹은 칵테일처럼 누구와도 뒤
섞여 어울릴 수 있는 곳입니다. ③ 이곳에서는 대화가 게임을 더 즐
겁게 만들고, 게임은 대화에 활력을 불어넣어요. ④ 오랜 시간 열려
있어 사람들이 자주 들르지만, 집이나 직장처럼 규칙적인 방문을
요구하지 않습니다. ⑤ 단골, 요즘 말로는 고인물이 장소에 특색을

부여하고 분위기를 주도하고는 합니다. ⑥ 진지함이나 심각함보다 장난스러움과 너그러움이 더 어울려요. ⑦ 이런 매력 덕분에 제3의 장소는 집과 같은 편안함을 줍니다.

원하면 언제라도 게임에 접속해 자기만의 플레이를 즐길 수 있는 편이성. 동시에 열정적으로 길드 활동에 참여할 수 있는 유연함. 멀리 떨어져 있어도 서로를 이어주는 채팅. '따로'와 '서로'의 적절한 균형. 이미 여러분은 게임 속 가상 세계가 제3의 장소가 되기에 충분하다는 걸 경험했으리라 봅니다.

'따로'와 '서로'가 공존하는 장소

현실의 능력까지 레벨 업

영국 서남부 반도인 웨일스에 사는 스무 살의 '얀 마든버러'. 그는 청소년기의 대부분을 레이싱 게임에 빠져 있었습니다. 일곱 번째 생일날 카트 레이싱을 한 그 순간부터 얀은 레이싱 경주를 보면서 레이싱 드라이버를 꿈꿨어요. 하지만 프로가 되기 위해서는 차량 구매와 대여, 안전 장비, 의류, 교육비 등 많은 돈이 필요했기에 재정이 뒷받침되거나 후원을 받아야 했습니다. 그러나 가정 형편상 얀의 부모님은 아들의 꿈을 지원할 수 없었습니다.

현실의 벽은 높았지만 그는 포기 대신, 레이싱에 대한 열정을 플레이스테이션 게임 〈그란 투리스모〉를 플레이하는 데 쏟았어요. 처음에는 조이스틱으로, 나중에는 시뮬레이션 레이싱 휠과 페달을 장만했죠. 그러다 2011년, 얀에게 기회가 찾아옵니다. 게이머를 실제 프로레이서로 육성하기 위한 닛산자동차와 소니엔터테인먼트의 공동 프로젝트, 9만여 명이 온라인에서 경쟁한 'GT아카데미' 유럽 예선을 통과한 겁니다. 얀을 포함해 각국에서 선발된 12명의 참가자들은 영국 실버스톤에서 진행된 캠프에 입소했어요. 각종 훈련과 테스트를 거쳐 최종 우승자를 가려내기 위해서였습니다.

당연한 말이지만 〈그란 투리스모〉가 아무리 레이싱을 사실적으로 재현한 게임이라고는 해도 이는 실제 레이싱과는 큰 차이가 있습니다. 최첨단 기술이 집약된 경주 차는 생각보다(!) 무척 불편합니다. FIA(국제자동차연맹)가 규정하는 세계 최고의 자동차경주 대회 포뮬러원의 경주 차를 예로 들면, 조종석의 경우 온도가 최소 40~50℃에 달합니다. 차에는 빠른 속도를 내기 위한 장치 외의 편의 시설을 제거하므로 에어컨조차 없지요. 더욱이 드라이버들은 차량 화재에 대비해 불에 타지 않는 소재로 만든 두툼한 옷을 입기에 패딩 점퍼 차림으로 한증막 속에 있는 것과 마찬가지예요.

특히 포뮬러 드라이버는 최대 5G의 중력가속도(G, G-force), 즉 중력의 5배에 달하는 힘을 견뎌야 합니다. 롤러코스터의 중력가속도가 2G인데, 훈련받지 않은 일반인의 경우 3.5G에서 혈액순환 장애로 의식을 잃는다고 하지요. 시속 350km로 달리는 포뮬러 레이싱에서 드라이버가 받는 심리적 압박은 전투기 조종사와 비슷한 수준으로 알려져 있어요. 이밖에도 정확한 거리 측정과 동시에 여

현실의 능력까지 레벨 업

러 상황을 볼 수 있는 시력이 요구되고, 반복되는 급가속과 감속으로 인해 피가 하체로 쏠리는 것을 막고자 심폐기능을 강화해야 합니다.

때문에 캠프는 모두에게 용기와 정신력을 시험했습니다. 이전까지 한 번도 경험해 보지 못한 수준으로요. 어느 날은 아침부터 종일 교관들의 고함 속에서 얼차려를 받으며 숲속을 뛰거나 포복으로 기어다니고, 진흙탕 속을 뒹구는 등 군대식 훈련을 받았습니다. 또 경주 차를 맨몸으로 끌고 가거나, 왕복 달리기 등으로 체력을 측정했어요. 훈련은 기권자가 나올 정도로 힘들었습니다.

참가자들은 닛산의 스포츠카 370Z를 몰며 일대일 레이스를 펼

대표적인 모터스포츠의 종류   Tip

모터스포츠는 자동차나 모터사이클을 이용해 레이스를 하는 경기를 말하는데, 경주 차나 경기 방식에 따라 여러 가지로 나뉩니다. 여기에서는 세 가지 경기를 소개합니다.

- **포뮬러 레이싱(Formula Racing)** : 경기 전용으로 제작된 1인승 경주 차가 출전하는 경기로 포뮬러원(F1)이 가장 유명합니다. 세계적인 환경 이슈에 맞춰 2014년부터는 전기차 경주인 포뮬러E도 열리고 있어요.
- **그랜드 투어링(Grand Touring)** : 각 팀이 기존의 양산 차를 레이스에 맞게 성능과 내구성을 개조해서 나오는 경기입니다. 흔히 GT라고 부르지요.
- **스톡카 레이싱(Stockcar Racing)** : 특정 자동차 회사의 모델을 기본으로 삼고, 이를 경주용으로 개조한 차량이 나오는 경기를 말합니다.

치고, 실전 레이싱 기술은 물론 서킷에서의 추월 능력 등을 테스트 받았습니다. 그런데 얀은 실제 경주 차를 모는 게 꽤 친숙하게 느껴졌어요. 이전까지 단 한 번도 도로 위에서 운전해 본 적이 없는데 말입니다. 얀은 인터뷰에서 〈그란 투리스모〉 게임을 했던 경험이 실제 레이싱에 많은 도움이 됐다고 이야기합니다.

얀은 마침내 모든 테스트를 통과하고 최후의 4인이 경쟁하는 결승 레이스에서 우승을 차지합니다. 프로로 데뷔한 그는 이듬해부터 각종 국제 레이스에서 좋은 성적을 거두며 지금까지도 경력을 이어가고 있어요. 이 여정을 바탕으로 한 영화 〈그란 투리스모〉에서 얀은 시뮬레이션 레이싱이 왜 그렇게 좋으냐는 물음에 이렇게 대답합니다.

"드라이빙 할 때 진짜 빠르게 달리면 나 빼고 모두가 느려지고 나머지 세상이 사라지는 기분이야. 나랑 차만 남고 다 사라져. 마법처럼."

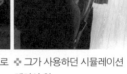

❖ 〈그란 투리스모〉에 빠져 있던 게이머에서 레이싱 드라이버로 변신한 얀 마든버러.

❖ 그가 사용하던 시뮬레이션 레이싱 휠.

우리나라의 이정우 선수 역시 디지털 서킷을 질주하다 레이싱 드라이버가 된 인물입니다. 그는 일곱 살 때 부모님과 함께 '포뮬러 3 코리아 슈퍼프리'를 처음 관람한 순간부터 레이싱 드라이버가 되고 싶었어요. 하지만 입문 단계인 카트 레이싱에서부터 수천만 원이 드는 훈련 비용을 감당할 수 없어 게임에서 길을 찾았지요. 대학 진학 후 일본으로 건너간 이정우는 2015년, 처음 열린 GT아카데미 아시아 지역 예선에서 1위에 오르며 일본 대표로 선발됩니다. 이후 실버스톤 레이스 캠프에서 인도, 태국 등 6개국 29명의 참가자들과 경쟁해서 준우승을 차지합니다.

다시 일본으로 돌아온 후에도 온갖 아르바이트를 하며 훈련 비용을 모아 아마추어 드라이버로 활동하며 레이싱 경력을 쌓았어요. 그리고 2019년 CJ로지스틱스가 주최한 공개 오디션에 합격하면서 프로 드라이버로 데뷔합니다. 이후 스톡카 레이스인 슈퍼6000에 출전해 2위를 기록하는 등 좋은 성적을 보여 주고 있습니다. 이정우 역시 자기 실력의 80%가 게임에서 온 것이라고 여러 인터뷰에서 말해 왔습니다. 국내에서 시뮬레이션 레이서들의 활약은 앞으로 더욱 두드러질 전망입니다. 이미 2000년대생인 김영찬, 김규민이 전통적인 레이서들에게서 보기 힘든 독특한 주행 감각을 선보이며 새로운 가능성을 보여 주고 있으니까요.

이들은 게임을 통해 익힌 드라이빙 기술을 실제 레이싱에도 십분 발휘합니다. 플레이를 통해 차량 제어 기술은 물론 방향을 인지하는 시공간 능력, 속도를 통제하기 위한 운동 능력 등 실제 레이싱에 필요한 능력을 개발했어요. 다양한 경주 전략과 전술도 터득합니다. 무엇보다 실제 트랙을 달리지 않기에 물리적으로 안전할 뿐만 아니라 훨씬 적은 비용으로도 훈련이 가능합니다.

시뮬레이션 레이싱은 이미 게임을 넘어 세계적으로 모터스포츠의 한 종목으로 자리 잡았습니다. FIA는 2019년부터 디지털 모터스포츠 대회를 직접 개최하고 있어요. 우리나라에서도 2021년 대한자동차경주협회(KARA)의 공인을 받았습니다.

〈그란 투리스모〉〈아이레이싱〉〈아세토 코르사〉같은 레이싱 게임은 프로 레이싱 드라이버를 꿈꾸는 이들에게 새로운 기회를 줍니다. '시리어스 게임(Serious Game)'의 역할 덕분입니다. 시리어스 게임은 1970년 미국의 국제관계전문가 클라크 앱트가 쓴 같은 제목의 책에서 처음 사용한 말입니다. 교육이나 훈련, 정보 전달 등을 목적으로 디자인한 게임을 의미하는데, 기능성 게임이라고도 불러요.

시리어스 게임은 2000년대 초부터 하나의 장르로 정착해 공공 분야에서 본격적으로 활용되기 시작합니다. 대표적인 사례가 2002년 미국 국방부에서 제작한 1인칭 슈팅 게임인 〈아메리카 아미〉시리즈. 플레이어들은 사격술에서부터 각 병과별 훈련 등 실제로 미군에 입대한 것 같은 체험을 할 수 있어요. '전 세계에서 가장 많이 다운로드한 전쟁 게임'으로 기네스북에 등재될 만큼 많은 호응을 얻었지요.

전쟁을 다른 시각으로 보는 게임도 있습니다. 〈디스 워 오브 마인〉의 주인공은 그라즈나비아라는 가상 국가를 배경으로 내전의 참화 속에서 살아가는 민간인이에요. 플레이어는 기아와 굶주림, 민간인 학살 같은 잔혹하고 비참한 전쟁의 실상을 마주해야 합니다.

❖ 〈디스 워 오브 마인〉 게임 화면.

폴란드 정부는 사라예보와 보스니아 전쟁 등 역사적 사건을 참고한 이 게임을 중고등학교 교육 자료로 채택했어요. 국내에서는 제주 4·3 사건을 다룬 〈언폴디드〉 시리즈가 호평을 얻기도 했습니다.

❖ 〈아메리카 아미〉 게임 화면.

제가 첫 번째 책《소크라테스 헬스클럽》(을유문화사, 2021)을 집필했

❖ 〈언폴디드〉 게임 화면.

을 때도 게임은 그 어떤 자료 못지않은 영감의 보고였습니다. 이 책은 운동의 의미를 철학과 역사, 신화 같은 고전을 통해 이야기하는 내용입니다. 당시 수십 권의 원전을 하나하나 읽어 가며 운동에 관해 언급된 내용을 찾는 과정이 사금 채취처럼 느껴질 정도로 힘든 시간을 겪어야 했습니다. 그러다 원고를 반 정도 완성해 갈 무렵 번 아웃 증후근(Burnout Syndrome)에 빠지고 말았어요. 한 가지 일에 지나치게 몰두하던 사람이 극도의 신체·정신적 피로감을 느끼는 것

을 말합니다. 그때 휴가가 필요하다는 걸 깨달았습니다. 팬데믹 당시 사회적 거리 두기 때문에 여행이 어려웠던 상황이라 떠나는 것 대신 플레이스테이션을 꺼내 새로 구입한 〈어쎄신 크리드: 오디세이〉(이하 '어크')를 플레이했습니다. 당시에 쓰고 있던 책의 소재 때문인지 전부터 펠로폰네소스 전쟁기를 배경으로 하는 이 게임에 관심이 많았거든요. 게임 초반에는 메인 퀘스트 위주로 수행하면서 레벨을 높여 주인공 알렉시오스의 스킬을 확장하고, 그리스를 위협하는 코스모스 교단의 정체를 밝혀나가는 데 빠져 있었습니다. (전형적인 '성취가형'이군요).

〈어크〉는 제가 '2회차 플레이(엔딩을 본 후 처음부터 새로 시작하는 것)'를 한 유일한 게임입니다. 이때부터 저는 NPC로 등장하는 실존 인물들과의 만남을 느긋한 마음으로 즐겼어요. 아테네 최고의 미남으로 불렸던 정치가 알키비아데스, 소크라테스를 조롱한 희극작가 아리스토파네스와의 대화는 더없이 유쾌했습니다. 두 철학자인 소크라테스와 트라시마코스의 논쟁에 참여해, 정치의 영역에서 정의가 개인의 행복에 어떤 영향을 미치는지 잠시 생각해 보기도 했습니다. (이번에는 '모험가형'으로 바뀌었네요).

두 번째 플레이를 끝내는 대신 새로 다운받은 〈어크〉의 교육용 버전인 〈디스커버리 투어〉는 고대 그리스 세계를 탐험하고 싶다는 욕망을 채워 줬어요. 무엇보다 고대 올림픽이 열린 올림피아를 둘러본 건 환상적인 경험이었습니다. 돌무더기와 잔해 위에 디지털로 재건된 경기장, 체육관, 성소. 5종 경기에 참여한 선수들과 반칙을 무자비하게 응징하는 심판관들의 생동감 있는 모습. 저는 밥 먹는 것도 잊은 채 올림픽 일정을 몇 번씩이고 되풀이했어요. 그렇게 일주일이 순식간에 지나갔지만, 게임을 하느라 시간을 허비했다는 기분은 전혀 들지 않았습니다. 완벽한 고증이라고 할 수는 없지만, 문헌과 사진에 의존해야 했던 저의 상상력을 가득 채워 줬으니까요. "역사가 놀이터가 되는 전례 없는 경험을 할 수 있을 것"이라던 〈어크〉 디렉터 게릿 글로버의 말은 결코 과장이 아니었습니다.

보통 시리어스 게임을 GBL(Game-Based Learning)이라고 합니다. 게임을 플레이하며 학습하고 능력을 쌓는 것을 말합니다. 이와는 약간 다른 게이미피케이션(Gamification)이라는 말이 있습니다. 2002년, 게임 디자이너 닉 펠링이 처음 사용한 단어로 경쟁과 피드백 같은 게임 요소를 도입해 더 나은 능률을 높이는 전략을 의미해요. 예를 들어 〈언폴디드〉를 하며 제주 4·3 사건에 대한 이해를 넓혔다면 GBL, 수업에서 보드게임 혹은 카드를 활용하거나 발표 결과를 리더 보드에 표시하면 게이미피케이션이 됩니다. 하지만 실제 교육이나 마케팅 현장에서는 둘의 경계가 모호한 경우가 많으므로 이 모두를 게이미피케이션의 범주로 봐도 무방합니다.

게이미피케이션은 이전부터 우리 일상에 깊숙이 들어와 있습니다. 너무 흔해서 일일이 인식하지 못할 뿐이지요. 주문 시 생성되는 별을 앱에 적립해 무료 음료나 한정판 굿즈를 보상받는 스타벅스의 마케팅이 대표적인 사례입니다. 또 일부 공공시설에서는 밟을 때마다 소리가 나오는 피아노 계단을 설치해 에너지 절약과 걷기 활성화라는 목표에 사람들을 자연스럽게 동참시킵니다. SNS에서 자주 볼 수 있는 '○○ 챌린지'나 유튜브 크리에이터가 구독자의 후원에 즉각적인 피드백을 보여 주는 것도 게임화의 일종이라고 할 수 있어요.

저는 매일 아침 눈을 뜨면 핏빗(Fitbit)이라는 앱을 열어 수면 시간을 확인합니다. 그리고 오전에 운동을 마치고 나오면서도 기록을 봅니다. 전날보다 적게 나오면 엘리베이터 대신 계단을 이용하는 식으로 만회하려고 해요. 그리고 잠자리에 들기 전 마지막으로 하루의 에너지 소모량을 체크합니다. 모든 목표를 스스로 설정하고 조금씩 수준을 높여 가기에 도전과 성취 욕구가 계속 자극됩니다. 특정 과제를 달성할 때마다 제공되는 배지를 모으는 것도 즐거움입니다. 앱을 사용하는 시간은 하루에 5분도 채 되지 않지만 핏빗이 스크린에 보여 주는 정보는 줄곧 저의 신체 활동에 영향을 줍니다.

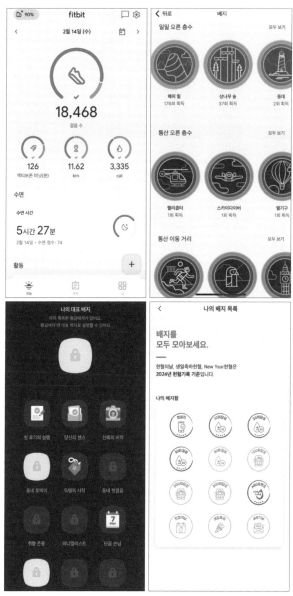

❖ 저자가 사용하는 앱의 게이미피케이션 요소들.

게임에 미친 경영자, 일론 머스크

전 세계 어떤 기업인도 전기 자동차 전문 업체 테슬라의 최고경영자(CEO) 일론 머스크만큼 게임에 미쳐 있지는 않을 겁니다. 중요한 발전의 시기마다 그는 손에서 게임 컨트롤러를 놓지 않았어요. 머스크는 이미 열세 살 때 자신이 만든 〈블래스터〉라는 비디오 게임을 잡지사에 500달러를 받고 팔았습니다. 청소년기에 그는 인류가 어떤 고차원적 존재가 만든 시뮬레이션의 장기짝일지도 모른다고 생각했어요. 평생에 걸친 게임 사랑은 이 무렵부터 시작되었고, 〈시드 마이어의 문명〉에서부터 〈배틀 오브 폴리토피아〉까지 두루 섭렵하게 됩니다. 이러한 전략 게임은 경영에 필요한 전략적 사고와 전술적 기술을 가르쳐 주었습니다.

중요한 프로젝트와 긴박한 경영 위기 상황에서 그에게 원기를 불어넣어 주는 것 역시 게임이었어요. 2000년 9월, 이사회가 그의 해임을 밀어붙이던 상황에서도 〈스트리트 파이터〉를 플레이했습니다. 그런가 하면 2022년 4월, 트위터 인수를 제안하기 직전까지 호텔에서 얼마 전에 출시된 RPG 〈엘든 링〉을 밤새워 했습니다. 월터 아이작슨이 쓴 전기 《일론 머스크》(21세기북스, 2023) 전반에 걸쳐 게임은 그를 이해하는 가장 중요한 열쇠로 등장합니다. 다음은 머스크가 게임에서 배운 가르침 중 일부입니다.

게임을 하듯 인생을 플레이하라.

지더라도 패배를 두려워하지 마라.

성장하고 싶다면 한계를 뛰어넘어라.

판을 키워 과감하게 행동하라.

지금의 아동·청소년들은 잘파세대(Z세대와 알파세대를 함께 이르는 말)로 태어날 때부터 인터넷과 게임을 자연스럽게 접한 '디지털 네이티브'입니다. 몰입에 최적화된 게임을 하며 자랐기에 피드백이 없거나, 도전에 대한 동기 부여, 성취에 대한 보상이 부족한 환경에서는 더 많은 스트레스를 받을 수밖에 없습니다. 그러니 삶을 게임처럼 대하는 태도를 마냥 비난해서는 안 됩니다.

미국의 정신과의사 스튜어트 브라운은 놀이란 행위라기보다 '정신의 상태'라고 말했어요. 공부든 일이든 자발성과 낙관주의, 열정을 갖고 대한다면 그것이 곧 게임이 되는 겁니다.

사람은 게임을 통해 세상에서 부딪치게 될 온갖 장애물에 대해 연습하고 실험하며 배웁니다. 또한 실패에 대한 내성도 키우지요. 게임은 현실의 도피처가 아닌, 더 높은 도약을 준비하는 안전지대입니다.

게임은 중독일까? `Tip`

술이나 담배, 마약 등의 물질에 중독되는 현상의 중심에는 도파민이라는 신경전달물질이 있습니다. 음주나 흡연은 물론이고 단 음식을 먹을 때 쾌감을 느끼는 건 뇌에서 분비되는 도파민이 쾌락 중추를 자극해 커다란 보상을 제공하기 때문이에요. 도파민은 별다른 노력 없이도 기분이 좋아지는 행동을 자꾸 반복하게 만듭니다. 인간의 뇌는 생각보다 게을러서 나중에 의존성이 높아지는 건 아랑곳없이 쉽게 보상받을 수 있는 방법을 더 선호하거든요.

그러나 이러한 중독 말고도 일상 속에서도 도파민이 분비되는 경우는 흔합니다. 열심히 노력한 무언가에서 성취를 얻었을 때, 좋아하는 사람과 데이트 할 때 도파민 분비량은 평소보다 30~50% 정도 증가합니다. 물론 이는 중독의 범위에 들지 않는 수준이고요(마약은 도파민이 1,200% 증가). 비디오 게임을 할 때 분비되는 도파민은 이와 비슷하거나 오히려 더 적습니다. 따라서 도파민을 기준으로 게임을 마약에 비유하며 경계하거나 죄악시하는 건 무리가 있어요.

게임에 미친 경영자, 일론 머스크

폭력적인 게임은
공격적인 사람을 만들까?

이 책에서 줄곧 게임의 긍정적인 면을 이야기하는 것에 의문을 갖는 독자도 있으리라 생각합니다. 게임이 가진 폭력성을 간과하는 것처럼 보이니까요. 하지만 이런 부정적인 인식은 과연 온당한 걸까요?

2023년 우리나라의 여름은 아스팔트 위로 피어오르는 아지랑이 틈을 불안과 공포가 메운 듯한 계절로 기억됩니다. 34세의 남성이 지하철 신림역 근처에서 흉기를 마구 휘둘러 4명의 사상자를 낸 사건이 발생했어요. 그리고 보름 뒤 23세의 남성이 승용차를 몰고 인도로 돌진해 5명을 들이받은 후 근처 백화점으로 들어가 흉기 난동을 벌였지요. 도심에서 무차별적으로 일어나는 이상 동기 범죄에 충격을 받은 시민들은 한동안 외출을 자제하며 불안감 속에서 지내야 했습니다. 이 시기는 호신용품 판매가 늘기도 했어요.

사건을 수사한 검찰은 34세 남성의 범행이 게임 중독 때문이었다고 결론 내립니다. 그가 1인칭 슈팅 게임에 빠져 있었기에 피해자들을 마치 "컴퓨터게임을 하듯 공격했다"는 겁니다. (또 23세 남성에 대한 재판에서는 "게임을 하듯 타인의 목숨을 해쳤다"고 지적했어요.) 하지만 게임과 범행의 인과관계를 뒷받침하는 어떤 근거도 제시하지 않았습니다. 검찰의 발표는 그 즉시 수많은 게이머의 반발을 낳았어요. 오랜 시간 게임을 플레이하고, 유튜브로 게임 영상을 시청한 게 살인의 동기라면, 비슷한 취향을 가진 자신들도 잠재적 살인마가 되는 거냐는 식의 빈축과 조롱이 쏟아진 겁니다. 게임 업계는 물론 정치권에서도 비난이 이어졌습니다. 심지어 게임 산업을 주관하는 문화체육관광부가 반박 의견을 내기까지 했어요.

게임이 폭력성을 증가시키고, 범죄를 양산한다는 주장은 이미 오래전부터 있었습니다. 2012년 교육과학기술부(현 교육부)는 게임 중독이 학교 폭력의 주범이라고 지목하며 청소년 게이머의 플레이를 제한하는 '쿨링오프제'를 추진하기도 했습니다. 물론 당시에도 여론은 대부분 부정적이었습니다. '다행히' 법안 발의 단계에서 폐기된 이 제도는 게임을 한 지 2시간이 지나면 자동으로 종료되고, 10분 후에 한 번 더 재접속할 수 있게 한다는 내용을 담고 있었어요. 이렇듯 게임의 책임을 따지는 건 해묵은 논쟁 같아 보여도, 언제

폭력적인 게임은 공격적인 사람을 만들까?

든 비슷한 문제가 생기면 다시 불붙을 수밖에 없을 겁니다.

그렇다면 정말 게임은 사람들을 공격적으로 변하게 만들까요? 먼저 '폭력적인' 게임이 우리 현실에 악영향을 줄 만큼 유해하다는 인식이 언제부터 시작된 건지 살펴보겠습니다.

미국에서 비디오게임이 최초로 폭력성 논란을 불러일으킨 시기는 1976년 〈데스 레이스〉라는 드라이빙 게임이 출시되었을 때입니다. 이 게임은 한 해 전 극장에서 개봉한 저예산 B급 영화 〈죽음의 경주〉의 영향을 받아 만들어졌습니다. 영화에서 펼쳐지는 자동차 경주에서는 무고한 사람들을 차로 칠 때마다 나이와 성별에 따라 점수가 주어집니다. 엽기적인 설정과 폭력성 탓에 이 영화를 향해 많은 비난과 혹평이 쏟아졌지만, 되레 흥행에 불을 지펴 막대한 수익을 올리기도 했습니다.

❖ 1976년 아케이드용 게임기로 출시된 〈데스 레이스〉.

〈데스 레이스〉 역시 실제 운전하듯 핸들을 붙잡고 차를 몰며 화면 속을 돌아다니는 그렘린(유럽의 상상 속 생물)을 들이받는 게 목적입니다. 그렘린이 차에 치여 쓰러진 자리에는 십자가 모양의 묘비가 세워집니다.

이 게임이 출시되고 얼마 지나지 않아 난폭 운전을 부추긴다는 비난 여론이 일어났어요. 당시의 조악한 그래픽 기술 탓에 그렘린들이 인간과 구별되지 않았기 때문이지요.

〈데스 레이스〉를 제외하면 1970년대에 게임의 폭력성 이슈랄 만한 건 딱히 없었습니다. 크게 두 가지 이유 때문이에요. 첫째, 게임 개발사들이 논쟁을 피하고자 폭력적인 비디오게임의 개발을 자제했습니다. 예컨대 당대 최고의 게임사 아타리의 경우 인간에 대한 폭력을 묘사하면 안 된다는 내부 규정이 있었습니다.

둘째, 게임이 폭력적이라 해도 학부모들은 별로 개의치 않는 정서가 컸습니다. 서부 개척 시대, 우주 공간, 제2차 세계대전 같은 특정한 배경에서 벌이는 총격전은 이미 텔레비전과 영화에서 익히 봐오던 설정이었으니까요. 권선징악이라는 테마는 주인공을 영웅으로 만들고 싸움을 낭만화했습니다.

비디오게임이 등장한 초기, 어른들은 화면 속 이미지를 움직일 수 있다는 사실에 감탄하고 아이들이 즐거워하는 모습을 보는 것으로 만족했습니다. 정작 부모들은 게임보다 십대 청소년들과 성인 남성들이 우글대는 오락실을 더 걱정했습니다. 자욱한 담배 연기, 온갖 소음과 함성, 탄식이 뒤섞인 그곳에서 사고를 당하거나 어떤 비행을 저지를지 몰라 불안했으니까요. 이런 곳은 범죄 조직과도 연관돼 있다는 인상을 주었습니다.

폭력적인 게임은 공격적인 사람을 만들까?

학계가 비디오게임과 공격성 사이의 관련성에 관심을 가진 건 1980년대에 들어서부터입니다. 가정용 게임기가 활발히 보급되기 시작한 시기이지요. 하지만 이 무렵의 연구에는 큰 맹점이 있었습니다. 한 예로 1986년, 미국 프린스턴 대학의 심리학자 조엘 쿠퍼와 다이앤 맥키가 비디오게임이 어린이의 공격성에 미치는 영향에 대해 연구한 논문을 발표합니다. 이 실험에서는 폭력적인 게임을 한 아이들과 폭력적이지 않은 미로 탈출 게임을 한 아이들의 행동을 비교했는데, 여기서 문제는 연구진이 선택한 폭력적 게임이 1977년에 나온 가정용 게임기 '아타리 2600'의 〈미사일 커맨드〉라는 데 있어요.

지금으로부터 40년도 더 전에 나온 이 게임은 〈데스 레이스〉와 마찬가지로 그래픽이 조악한 수준이에요. 먼저 요란한 전자음 속에서 도시(!)를 향해 날아오는 적의 미사일과 이를 요격하는 플레이어의 미사일은 모두 실선의 궤적으로 표현합니다. 또 폭발은 단순한 섬광으로 묘사되고요. 유혈 장면은 물론 파편이나 무너진 건물 잔해 같은 것도 나오지 않습니다. 개발자가 아무리 구현하고 싶어도 당시의 그래픽 해상도로는 불가능했으니까요. 이 게임에서 폭력적인 부분은 눈을 씻고 찾아도 보이지 않습니다. 이 연구는 비디오게임과 공격성 사이에 눈에 띄는 관련성을 보여 주지 못했습니다.

여담이지만 이후 다른 연구진들이 폭력적 게임으로 선택한 게임 중에는 〈팩맨〉도 있습니다. 2001년 하버드 공중보건대학원의 킴벌리 톰슨 교수가 E 등급(Everyone, 전체이용가) 게임의 폭력성을 조사

❖ 아타리 2600과 〈팩맨〉 게임들.

한 내용 중에도 〈슈퍼 마리오 브라다스〉와 함께 〈팩맨〉이 포함돼 있죠. 〈팩맨〉은 한 조각 떼어낸 피자처럼 생긴 귀여운 캐릭터가 유령을 피해 미로 속을 돌아다니며, 쿠키와 과일을 먹어치우는 게임입니다. 이 게임은 개발자 이와타니 토루가 '여성도 즐길 수 있게 하자'는 콘셉트를 갖고 만든 것입니다. 〈팩맨〉으로 오락실은 여성과 커플들도 많이 방문하는 장소가 되었지요. 시종일관 환한 웃음의 주인공 팩맨, 컬러풀하고 귀여운 몬스터, 전투나 싸움 대신 먹는다는 설정 등이 가진 '비폭력성' 덕분이었습니다.

1980년대에도 게임의 폭력성에 대한 연구는 관심이 적었던 탓에 드문드문 이뤄져 왔어요. 그런데 1990년대 들어서면서 분위기가 달라집니다. 먼저 게임 회사 캡콤이 1991년 〈스트리트 파이터

폭력적인 게임은 공격적인 사람을 만들까?

Ⅱ〉를 선보이며 포문을 여는데요. 플레이어 캐릭터 혼자 다수의 적을 상대하던 이전 게임과 달리 플레이어와 플레이어가 서로 대결한다는 점에서 경쟁 심리를 자극했습니다. 이밖에도 다양한 필살기, 2~3개에서 6개로 늘어난 버튼을 활용한 콤보 기술 등은 일대일 격투 게임의 표준으로 자리 잡습니다.

이에 경쟁사들이 잇따라 아류작을 개발하기 시작하는데, 그중 1992년에 출시된 〈모탈 컴뱃〉이 잔혹한 묘사로 논란을 일으켜요. 바로 '페이탈리티(Fatalities)'라는 요소 때문인데 패배한 플레이어의 심장을 끄집어내거나 척추를 뽑고, 감전시켜 죽이는 등의 퍼포먼스입니다. 더구나 이 게임 캐릭터를 실제 배우들이 연기했다는 점에서 사실성이 극대화됐기에 당시의 충격은 상당했습니다.

정치권에서는 이에 대한 압력을 행사합니다. 상원의원이던 조지프 리버먼이 청문회를 주도한 것이지요. 그를 비롯한 여러 전문가들은 폭력적인 비디오게임이 어린이와 청소년에게 악영향을 미칠 수 있다고 지적하며 대책 마련을 촉구합니다. 그 결과 1994년, 개발사와 유통업체가 자발적으로 게임에 적절한 연령과 등급을 매기는 기관인 ESRB(Entertainment Software Rating Board)를 설립합니다. 이 기준에 따라 〈모탈 컴뱃〉은 17세 이상 가능 콘텐츠(M 등급)로 분류됩니다.

이후 3D 게임 엔진이 개발되면서 그래픽은 더 사실적이고 화려해집니다. 1992년의 〈울펜스타인 3D〉와 1993년에 나온 1인칭 슈팅 게

✤ 게임의 등급을 표시한 그림. ESRB는 개발사가 제공한 게임의 하이라이트 영상(스토리, 미션, 폭력적인 장면 등)을 보고 수위에 따라 7가지 등급으로 나눕니다.

임 〈둠〉은 컴퓨터 운영체제가 도스(DOS)에서 윈도우 95로 전환되던 시기에 등장해 폭력성 논란을 이어 갑니다. 특히 〈둠〉 플레이어들은 전화 모뎀으로 온라인에 접속해 다른 플레이어를 죽일 수 있었습니다.

1990년대 말에 접어들어 '폭력적인 게임 = 청소년 범죄'라는 인식이 확고해지는 계기가 생기는데요. 바로 잇따라 발생한 학교 내 총기 난사 사건의 원인으로 게임이 지목됐기 때문입니다. 대표적인 사례를 정리한 것이 오른쪽 박스입니다.

특히 미국 콜로라도주 콜럼바인 고등학교 총기 난사 사건은 폭력적인 게임에 대한 대중과 학계의 관심이 급증하는 분수령이 되는데

폭력적인 게임은 공격적인 사람을 만들까?

게임을 원인으로 지목한 대표적인 학교 내 총기 난사 사건

콜럼바인 고등학교 총기 난사 사건 (1999년 4월)

에릭 해리스와 딜런 클리볼드가 자신들이 재학 중이던 학교에서 총기를 난사해 학생 12명과 교사 1명이 사망하고 23명이 부상을 입은 사건입니다. 이후 두 난사범이 〈둠〉 마니아였다는 사실이 기사에 오르내립니다. 특히 이들이 커스터마이한 게임의 WAD(Where's All the Data의 약자. 〈둠〉 플레이어가 게임 속 무기와 몬스터, 레벨 등을 자유롭게 변형시킬 수 있는 모드) 파일은 실제 총기 난사 사건과 비슷하게 묘사돼 있고, 이는 사전에 범행을 연습하기 위한 용도였다고 알려져 충격을 더했습니다. 이에 당시 상원의원이던 제이 록펠러는 '폭력적인 비디오 게임이 어린이들에게 미치는 영향을 연구하는 법안'을 제안했어요.

버지니아 공대 총기 난사 사건 (2007년 4월)

버지니아 공대 재학생이던 스물세 살의 한국인 조승희가 교수와 학생들에게 총기를 난사, 32명을 살해한 후 스스로 목숨을 끊은 사건입니다. 그가 평소에 즐기던 슈팅 게임 〈카운터 스트라이크〉에서 영향을 받았다는 내용이 언론을 통해 전해집니다.

샌디훅 초등학교 총기 난사 사건 (2012년 12월)

스무 살이던 애덤 랜자가 어머니를 살해하고 초등학교에 난입해 학생과 교사 26명의 목숨을 앗아간 후 자살한 사건. 각종 언론 매체는 애덤 란자가 슈팅 게임 〈콜 오브 듀티〉에 빠져 있던 게 범행의 원인 중 하나였다고 보도합니다.

요. 관련 연구가 2000년대 이전보다 무려 11배 이상이나 증가합니다. 폭력적인 비디오게임의 위험성을 입증(!)하는 연구 결과들이 봇물 터지듯 쏟아지기 시작한 겁니다.

위에 언급한 사건들은 분명 끔찍하고 비극적이지만, 그 전말을 다룬 기사 내용에는 결정적으로 사실과 다른 점이 있습니다. ① 에릭 해리스와 딜런 클리볼드가 〈둠〉의 플레이어였던 것은 맞지만, 콜럼바인 고등학교와 연관된 커스텀 버전을 만들었다는 증거는 나오지 않았어요. ② 조승희 역시 수사 결과 〈카운터 스트라이크〉는 물론 다른 폭력적인 비디오게임을 소유하거나 플레이하지도 않았던 것으로 드러났습니다. ③ 샌디훅 사건 역시 이듬해 내놓은 최종 보고서에 따르면 애덤 랜자가 즐겨 했던 게임은 댄싱 게임인 〈댄스 댄스 레볼루션〉이었습니다.

심지어 백악관 비밀 경호국의 보고서를 토대로 한 분석 결과 총기 난사 사건의 범인 중 약 20%만 폭력적인 비디오게임을 했고, 그마저도 즐겨 하지 않았던 것으로 밝혀졌습니다.

이처럼 언론이 사실을 왜곡한 선정적인 기사를 내보낸 게 밝혀졌음에도 편견은 좀처럼 바뀌지 않고 있습니다. 그 이유는 무엇일까요?

미국의 심리학자 크리스토퍼 퍼거슨과 패트릭 마키가 함께 집필한 《모럴 컴뱃》(스타비즈, 2021)에서는 이를 '도덕적 공황(Moral Panic)'이라고 설명합니다. 도덕적 공황이란, 어떤 문제가 생겼을 때 무고한 대상에게 그 책임을 떠넘기며 공포를 과장해 공공의 적으로 돌리는 태도를 말해요. 사람들은 이 공공의 적을 제거 혹은 차단하기만 하면 문제가 해결되리라는 착각에 빠집니다.

그런데 비디오게임이 등장하기 전에는 어땠을까요? 이미 오래전부터 부모들은 자녀의 일탈을 걱정해 왔습니다. 어느 때나 당대에 새롭게 등장한 미디어는 도덕적 공황의 희생양이 되고는 했습니다.

15세기 유럽에 인쇄술이 보급되면서 책을 대량으로 찍어 낼 수 있게 되자 지식에서 권력이 나온다고 여긴 교회와 귀족들은 평민들이 직접 성경을 읽으면 오독으로 인해 타락과 혼란이 빚어질 거라고 경고했습니다.

19세기 들어 증기기관을 사용하는 인쇄 방식이 도입되면서 신문과 도서의 발행이 폭발적으로 늘어나는데요. 이때 저렴한 가격에 잔혹하고 외설적인 내용을 주로 다루는 연재물인 '페니 드레드풀(Penny Dreadful)'이 노동자와 빈민층에게 큰 인기를 얻습니다. 또 비슷한 내용을 다루는 공연인 '페니 개프(Penny Gaff)'도 인기가 높았습니다. 때문에 영국 빅토리아 시대에는 청소년 범죄를 이런 저급한 오락물 탓으로 돌렸다고 해요.

20세기 들어서는 만화가 공격의 대상이 됩니다. 아이들이 만화를 통해 범죄에 대한 환상을 키운다는 이유에서였습니다. 그 결과 미국에서는 일부 만화책 판매를 규제하기도 했어요. 이외에도 왈츠가 처음 등장했을 때에는 성적 문란을 일으킨다는 우려가 제기됐고, 재즈나 록 음악에 대해서도 비슷한 공격이 가해졌습니다.

앞서 많은 과학자들이 진행했던 게임의 폭력성 연구에 대해서도 잠시 살펴볼게요. 당연한 이야기지만 이런 실험을 할 때는 윤리적인 이유로 참가자들에게 실제로 타인을 때리라는 식의 행동은 요구할 수 없습니다. 따라서 이를 대체하기 위해 설문 조사 같은 안전한 방식을 사용합니다. 하지만 여기에는 상당한 제약과 오류가 있어요.

우선 설문의 경우 이런 유형의 내용으로 구성됩니다.

'당신은 친구들의 의견에 동의하지 않을 때 자기 의견을 말하나요?' '뒤에서 험담하는 것을 괜찮다고 보나요?' '낯선 사람이 친근하게 다가오면 경계하나요?' '당신은 비사교적인 편인가요?' '고집이 센가요?'

어떤가요? 여기에서 높은 점수가 나왔다 치더라도, 공격성이 강한 사람이라기보다는 사회성이 낮거나, 흔히 말하는 '아싸형'이라고 보는 게 합리적일 겁니다. 무엇보다 설문 조사 방식은 참가자들이 연구진의 의도를 짐작해 실험 목적에 맞거나 반대되는 응답을 내놓을 수 있다는 점도 흔히 지적됩니다.

폭력 행위를 대신할 방식도 마찬가지인데요. 연구진들은 매운맛을 싫어하는 사람에게 핫소스 먹이기, 타인에게 불쾌한 소음 내기 같은 행동의 수위를 관찰해 공격성을 판단했습니다. 이런 행동이 짜증을 유발하거나 스트레스를 줄 수는 있지만, 타인을 죽이거나 다치게 할 성향으로 보기에는 무리가 있어요.

우리나라에도 비슷한 사례가 있습니다. 2011년 2월, MBC 뉴스데스크에서 게임의 폭력성을 다룬 보도는 지금까지 회자되고 있어요. 당시 취재기자는 PC방에 관찰 카메라를 설치한 다음 사람들이 한창 게임을 즐기고 있을 때 갑자기 전원을 내립니다. 그러자 곳곳에서 화를 내거나 욕설을 내뱉는 반응을 보이는데요. 기자는 이를 두고 사람들이 "폭력 게임의 주인공처럼 난폭하게 변해" 버렸다고 설명합니다.

보도 직후 방송사 시청자 게시판에는 비난과 항의가 쇄도했습니다. 실험의 취지와 방식이 완전히 잘못되었기 때문입니다. 당시 PC방에는 게임 외에 문서 작업을 하는 손님들도 있었을 테고요. 이를 두고 "바둑의 폭력성을 알아보기 위해… 바둑판을 엎어 보겠습니다" "공부의 폭력성을 알아보기 위해… 시험 답안지를 찢어 보겠습니다" 같은 패러디가 생겨나기도 했습니다. 갑자기 예상 밖의 상황이 닥치면 누구라도 당황하는 것뿐인데 말입니다.

가장 중요한 사실, 위와 같은 연구를 인정한다고 해도 폭력적인 비디오게임을 하고 공격성이 증가한 경우는 0.4~3.2%에 불과할 만큼 미약한 수준이었어요. 또 공격성의 일부는 게임의 폭력성 때문이 아닌 짧은 시간 동안 익숙하지 않은 게임을 하는 데서 오는 스트레스 때문이었다는 사실도 새롭게 밝혀졌습니다. 앞서 이야기한 몰입의 조건 중 하나인 적절한 난이도 기억하지요? 처음 하는 게임이 낯설고 어려워서 짜증을 일으켰다면 이유는 둘 중 하나일 겁니다. 난인도 설계에 실패했거나, 그저 해당 게임이 취향에 맞지 않아서였을 수도 있습니다.

[3장]

함께한다는 것
: 우정으로 이어지다

팀워크의 비결은 스킨십

 1998년 프랑스 월드컵 결승전, 프랑스 국가대표 축구팀 레블뢰(Les Bleus, '파란 군단'이라는 뜻의 대표팀 별칭)가 브라질을 꺾고 최초로 우승을 차지합니다. 개최국이 가진 홈 어드밴티지 덕분일까요? 이전까지 역대 개최국이 우승한 경우는 1930년 1회 대회의 우루과이, 1966년 잉글랜드, 1978년 아르헨티나 등 모두 다섯 차례. 하지만 그 반대의 경우도 있습니다. 스페인은 1982년 월드컵 예선 2라운드에서 탈락했고, 미국은 1994년 월드컵 16강전에서 탈락했지요.

 당시 프랑스 팀은 국기를 이루는 세 가지 색 '블뢰, 블랑, 루즈(파란색, 흰색, 붉은색)'를 패러디한 '블랙, 블랑, 뵈르(흑인, 백인, 아랍계)'라는 별명을 얻습니다. 이는 대표팀 감독이었던 에메 자케의 빛나는 용병술에서 기인합니다. 그가 프랑스 최고의 스타플레이어인 에릭 칸토나를 엔트리에서 제외하자 여론이 들끓었습니다. 그러나 팀워크를 중시했던 감독은 흔들리지 않고 다양한 재능을 가진 선수들을 기용해 최상의 조합을 만들어요. 이렇게 해서 지네딘 지단(알제리)을 비롯해 티에리 앙리·릴리앙 튀랑(과들루프), 파트리크 비에라(세네갈), 마르셀 데사이(가나), 유리 조르카에프(아르메니아) 같은 선수들이 모인 '다문화 팀'이 탄생합니다. 당시 22명의 대표팀 선수 중 이민자 출신은 12명이었습니다.

그리고 20년 후, 2018년 러시아 월드컵에서 프랑스는 다시 한 번 우승컵을 들어 올립니다. 대표팀 선수 23명 중 이민자 출신은 무려 21명. 팀의 우승을 견인한 앙투안 그리에즈만의 경우 독일계 아버지와 포르투갈계 어머니 사이에서 태어난 이민자 2세입니다. 또 만 19세에 출전해 펠레에 이어 월드컵 역사상 두 번째로 많은 골(4골)을 기록한 킬리안 음바페 역시 카메룬 출신의 아버지와 알제리 출신 어머니 사이에서 태어났지요.

프랑스 축구팀의 탄탄한 조직력은 감독의 지도력과 더불어 선수들의 노력과 헌신이 빚어낸 결과라고 할 수 있습니다. 이들의 팀워크는 '스킨십'에서도 드러납니다. 독일의 의학 저술가 베르너 바르텐스는 《공감의 과학》(니케북스, 2017)에서 프랑스 팀이 패스 성공

❖ 2018년 월드컵에서 우승컵을 들어 올리는 프랑스 축구 국가대표팀.

률뿐 아니라 선수들 사이의 신체 접촉에서도 가장 많은 횟수를 기록했다는 연구 결과를 인용합니다. 선수들은 경기 시작 전 동그랗게 모여 서로 어깨동무를 하며 결의를 다지고는 합니다. 또 골을 성공시킨 선수를 부둥켜안거나 머리를 쓰다듬고, 실수한 동료의 어깨를 툭 치며 격려하기도 합니다. 이 모든 접촉 하나하나가 경기력과 관련이 있다니 흥미로울 수밖에요.

비슷한 사례는 농구에서도 찾아볼 수 있습니다. 미국 버클리 대학교의 사회심리학자 마이클 크라우스는 2008~2009년 뛰었던 30개의 NBA 프로 농구팀과 294명의 선수를 대상으로 연구를 진행했어요. 그 결과 하이파이브, 포옹, 주먹 마주치기 같은 신체 접촉을

팀워크의 비결은 스킨십

자주 한 팀의 성적이 더 높다는 사실을 발견했습니다. 또 접촉을 자주 한 선수들은 패스와 수비 가담 등 협력적인 플레이도 더 많이 했습니다. 1~2초에 불과하지만 반복적인 신체 접촉은 선수들이 서로를 얼마나 신뢰하는지 알려주는 지표라고 할 수 있어요.

신경학자 솔 샨버그에 따르면 신체 접촉은 언어나 감정적 접촉보다 10배 더 강력하다고 해요. 그만큼 접촉은 수백만 년 전부터 인류의 생존과 번영에도 중요한 역할을 해 왔습니다. 물론 접촉은 물체가 아닌 행위이기에 화석이나 유물로 남아 있지 않아요. 때문에 먼 조상들의 방식을 완전히 알 수는 없습니다. 대신 인간과 같은 진화적 계통에 있는 영장류를 통해 추측이 가능하지요.

세계적인 영장류학자 프란스 드 발은 1990년대 후반 흥미로운 실험을 진행합니다. 그는 먹이(잎이 무성한 나뭇가지)를 가진 침팬지가 누구와 그것을 나누는지 7,000개 이상의 사례를 분석했어요. 침팬지가 무리 내의 모두와 먹이를 나누는 건 아니거든요. 이때만큼은 먹이를 가진 침팬지가 상황을 통제할 수 있어서 서열도 별 영향을 미치지 못한다고 합니다.

연구팀은 아침마다 침팬지들이 서로 털을 골라주는 모습을 영상에 담았어요. 그 결과 서로 털을 자주 손질해 주는 친구 사이일수록 먹이를 더 많이 나눴습니다. 여기서 눈에 띄는 건 털 고르기가 서먹한 관계에도 좋은 영향을 준다는 점입니다. 한 예로 대장 수컷 '소코'는 별로 친하지 않은 '메이'의 털을 손질해 준 덕분에 오후에 먹이를 나눠 받을 확률이 훨씬 더 높아졌습니다.

❖ 침팬지들은 하루 5분의 1을 털 손질을 하는 데 쓴다고 알려져 있습니다.

털 손질로 맺어진 관계가 주는 또 다른 이점은 무엇일까요? 진화 인류학자 로빈 던바는 무리 안에 있는 다른 개체들의 공격으로부터 막아 줄 동맹을 얻는 것이라고 설명합니다. 그가 에티오피아에서 개코원숭이를 관찰했을 때 서로 털 손질을 많이 해 준 사이일수록 상대가 다른 무리에게 공격받을 때 도와줄 확률이 높았다고 해요. 게다가 위협에서 자신을 도와줄 친구가 있다는 사실만으로도 괴롭힘은 상당히 줄어들기 마련이지요. 만약 나를 공격한다면 내 친구까지 상대해야 하니까요. 앞서 소개한 프랑스 축구팀의 사례도 같은 맥락에서 이해할 수 있습니다. 아, 인간에게는 서로 손질해 줄 만한 털이 없다고요? 우리는 진화하면서 원숭이와 유인원의 털 손질을 그와 동일한 효과를 지닌 쓰다듬기나 포옹, 어깨동무, 가볍게 두드리기 등으로 대체했을 뿐이랍니다.

팀워크의 비결은 스킨십

그렇다면 접촉은 왜, 어떤 이유로 사람들을 결속시켜 주는 걸까요. 과학자들은 이미 오래전에 영장류가 털 손질을 받을 때 뇌에서 엔도르핀이 분비된다는 사실을 밝혀냈어요. 참고로 '행복 호르몬'이라고 부르는 엔도르핀은 호르몬이 아닌 세로토닌이나 도파민 같은 신경전달물질이에요. 하지만 다른 호르몬처럼 분비샘(또는 호르몬샘)에서 분비돼 혈류를 타고 우리 몸속을 순환하며 영향을 주기 때문에 호르몬으로 분류합니다.

엔도르핀은 모르핀처럼 통증을 줄여 주고 황홀감을 느끼게 하는 효과가 있기에 내인성 모르핀(Endogenous Morphine), 즉 몸에서 만들어지는 모르핀이라는 이름을 붙였습니다. 그리고 이후에는 짧게 줄여서 엔도르핀이 됐어요. 동일한 양의 경우 엔도르핀의 진통 효과가 모르핀보다 무려 30배 더 높다고 합니다. 그리고 로빈 던바를 비롯한 과학자들은 실험을 통해 인간이 서로 접촉할 때도 엔도르핀을 활발히 내뿜는다는 걸 입증했어요.

이 천연 모르핀을 얻을 수 있는 또 다른 방법은 웃기와 운동입니다. 가벼운 미소나 예의상 짓는 형식적인 웃음이 아닌 파안대소 혹은 숨이 넘어갈 듯 웃을 때 엔도르핀 반응이 일어나요. 즐거움으로 인한 심박수 상승, 폐의 강력한 펌프질과 산소 부족 상태가 뇌를 자극하기 때문입니다. 그런데 똑같이 유쾌한 상황에서도 혼자 있을 때보다 **여럿이 함께 있을 때** 더 잘 웃는다고 합니다.

동작의 합을 맞추면 생기는 일

러너스 하이(Runner's High)라는 말을 혹시 들어 보셨나요? 오랜 시간 달릴 때 힘겹고 고통스러운 지점을 넘기면 찾아오는 황홀감을 뜻해요. 이 말은 1970년대 미국의 달리기 선수 제임스 픽스가 《완전한 달리기》(까치, 1979)란 책에서 자신의 경험을 소개하며 처음 사용했습니다. 하지만 러너스 하이를 달리기에서만 느낄 수 있는 건 아니에요. 부르는 이름이 조금 다를 뿐 수영과 사이클, 조정 등 여러 종목의 선수들도 같은 느낌을 받습니다. 예를 들어 조정 선수들은 로어스 하이(Rower's High)라고 부릅니다. 다시 말해 어떤 운동이든 격렬하게 하다 보면 러너스 하이를 체험할 수 있습니다.

재미있는 것은 러너스 하이가 높은 운동 강도뿐 아니라 동작의 일치와도 관련이 있다는 점입니다. 웃음과 마찬가지로 운동 역시 사람들과 함께할 경우에는 강도에 상관없이 엔도르핀이 분출된다고 해요. 요가나 춤, 태권도 품새 등 사람들과 동작과 호흡을 맞추는 운동이라면 무엇이든 상관없습니다.

여러분도 혹시 이런 경험 있지 않나요? 학교 행사에 선보일 아이돌 군무나 응원 퍼포먼스를 친구들과 함께 연습하면서 스트레스가 풀리고 희열을 느끼던 순간이. 또 그 시간을 함께하며 한층 더 단단해진 우정을 느낄 수 있었을 테고요. 이처럼 움직임으로 사람들과 연결되는 것을 동기화된 움직임(Synchronized Movement)이라고 합니다. 움직임을 통해 자아가 확장돼 그 순간 타인, 나아가 집단을 내 일부처럼 여기는 것이지요. 과학자들은 엔도르핀이 사회적 유대감

중간 강도의 운동으로도 만들어지는 엔도카나비노이드 `Tip`

이 장에서는 접촉-운동의 관계를 설명하기 위해 엔도르핀만을 언급했습니다. 하지만 운동할 때 생성되는 엔도카나비노이드(Endocannabinoid)라는 화학물질에도 주목할 필요가 있어요. 엔도카나비노이드는 '몸에서 생성되는 대마초(Cannabis)'를 의미하듯, 통증을 덜고 기분을 좋게 하는 효과가 있습니다.

엔도카나비노이드는 엔도르핀보다 크기가 작아 뇌에 더 쉽게 흘러 들어갈 수 있어요. 또 러너스 하이와 달리 가벼운 조깅이나 등산, 경사면 걷기, 자전거 타기 같은 '중간 강도'의 운동을 할 때 생성됩니다. 자, 그러니 일단 움직여 보세요. 어떤 식으로든 일단 운동을 시작한다면, 자연은 우리에게 합당한 보상을 줄 거예요.

을 높인다고 말합니다. 이것이 바로 접촉과 웃음, 운동이 가진 공통점이에요.

저는 얼마 전(2023년 3월)부터 새로운 운동으로 크로스핏을 시작했습니다. 크로스핏은 역도와 체조, 유산소 운동을 결합한 고강도 그룹 운동입니다. 20여 년 넘게 꾸준히 웨이트트레이닝과 조깅을 해 왔지만 어딘가 부족하다는 느낌을 지울 수 없었어요. 그러다 어느 날 문득 "세상에! 독서, 글쓰기, 운동까지 모두 혼자 하는 것들로만 하루가 채워져 있잖아"라는 푸념이 입에서 흘러나왔습니다. 몸과 마음의 고립에서 벗어나야 했어요. 유대감이라는 밝은 햇살 아래 눅눅해진 심신을 말려야 할 필요가 있었습니다.

크로스핏에서는 운동하는 공간을 (피트니스)센터나 (헬스)클럽 대신 박스(Box)라고 불러요. 이곳의 문을 열고 들어서면 마주치는 회원들 모두가 인사를 건넵니다. 처음 보는 사람도 있지만 개의치 않습니다. 요샛말로 '고인물'과 '크린이' 사이의 거리감 같은 것도 전혀 느낄 수 없습니다. 같은 박스에 있다는 사실 하나만으로 가느다란 연대의 고리가 형성됐다고 해야 할까요.

매일 달라지는 와드(WOD, Workout Of the Day의 약자로 그날의 운동을 의미한다)는 언제나 자신의 한계를 시험할 만큼 힘듭니다. 온갖 근육을 다 사용하도록 구성된 세트의 목표치를 달성하려면 전력을 쏟아야 하지요. 숨이 턱까지 차오르고 팔다리의 힘이 풀려갈 때쯤, 코치가 회원 한 명 한 명의 이름을 부르며 격려해 줍니다. 그런 다음 큰 소리로 말해요. "자, 힘내세요. 파이팅!" 그러면 모든 회원들도 화답하듯 힘차게 따라 외치죠. "파이팅!" 저는 종종 이 순간 가슴이 뭉클해지고는 합니다. 곁눈질로 양옆을 돌아보면 나이나 성별의 구분 없이, 모두가 온 힘을 다해 같은 동작을 해 나가는 모습을 볼 수 있으니까요. 멀고 험한 길을 혼자 외롭게 걷는 줄 알았는데, 같은 목적지를 향해 걸어가고 있는 동행이 옆에 있음을 발견한 기분이 들지요. 와드를 마친 다음 코치와 회원들은 서로 하이파이브를 하거나 주먹 인사를 나눕니다. 짧은 소감을 주고받는 이들의 얼굴은 땀과 충만한 성취감으로 젖어 있어요. 운동 그리고 접촉과 연대, 웃음의 시너지가 만들어 내는 엔도르핀 덕분에 저는 에너지를 회복합니다.

❖ 크로스핏 박스에서 서로를 격려하며 운동하는 사람들.

하버드 대학교 신학 연구원인 캐스퍼 터 카일과 그의 동료 앤지 서스턴은 7년 동안 수백 명의 사람들을 만나 인터뷰를 진행했습니다. 이들은 교회에 나오는 젊은 세대들이 점점 더 줄어드는 현상에 관심을 갖고 있었습니다. 교회는 본래 종교 기관인 한편 전통적으로 공동체를 결속시키는 공간입니다. 그런데 요즘 젊은이들은 어디로 가는 것일까요? 교회의 역할을 대신하는 다른 세속적인 공간들이 있지 않을까요? 그는 사람들에게 어디에서 자신을 위한 공동체를 찾는지 물었습니다. 가장 뜻밖의 대답은 바로 크로스핏 박스였어요. 많은 사람들이 처음에는 살을 빼거나 근육질 몸매를 만들겠다는 목표로 크로스핏 박스를 찾아오지만, 이후에는 정기적으로 함께 식사를 하거나 문화 활동을 하면서 서로를 헌신적으로 돌본다는 이야기를 들려줍니다.

제가 운동하는 크로스핏 박스 역시 매년 크리스마스 파티를 비롯해 가을 운동회 등을 열고 있습니다. 덕분에 자연스럽게 친목이 다져지고 종종 커플이 탄생하기도 하고요. 그래서 크로스핏을 '핵인싸' 운동이라고 부른다지요. 함께 움직이고 땀 흘리면서 마음을 나누는 공간. 이것이 크로스핏 박스가 새로운 공동체가 될 수 있었던 이유일 겁니다.

동작의 합을 맞추면 생기는 일

생체리듬도 변화시키는
접촉의 힘

2021년 3월 14일, 열다섯 명의 남녀가 프랑스에 있는 '롱브리브' 라는 동굴 속으로 들어가는 딥 타임(Deep Time) 프로젝트가 시작됩니다. 빛이 들어오지 않는 습도 100퍼센트의 환경, '딥 타이머'라 부르는 탐험가들은 외부 세계와 단절된 채 생활하며 40일간의 적응 실험을 진행했습니다. 동굴 안은 기존과 전혀 다른 시간이 작동하고 있었습니다. 낮밤의 변화는 알 수 없고, 시간을 알려주는 어떤 기기도 없기 때문이었지요. 태양 역할을 하는 조명에 전기를 공급하려면 배터리를 충전하는 자전거 페달을 돌려야 합니다. 딥 타이머들은 이곳에서 지금까지의 시간 개념을 잊은 채 자신의 생체리듬,

즉 각자 잠이 들고 깨는 사이클을 기준으로 하루 단위를 셉니다.

그런데 여기에는 문제가 하나 있었어요. 의사에서부터 여행 가이드, 사진작가와 유튜버 등 저마다 지상에서 가졌던 직업의 차이만큼 생체리듬과 수면 사이클이 다르다는 것이었습니다. 프로젝트 동안에는 피곤하면 자고, 배고프면 먹는 식으로 각자 자기 생체리듬에 맞게 생활하는 게 원칙이었습니다. 또 비상 상황을 제외하고 타인을 억지로 깨우는 것도 금지했어요. 자연히 공동 작업을 하거나 토론을 할 때마다 빠지는 인원이 한두 명씩 나오기 마련이었습니다. 때문에 딥 타이머 사이에 불만이 생기거나 의견 일치를 보기 어려운 상황이 발생하기도 했지요.

그런데 프로젝트가 스물다섯 번째 사이클을 넘어가면서부터 놀라운 일이 벌어졌어요. 딥 타이머들의 생체리듬이 서로 많이 비슷해진 겁니다. 갈등과 무기력, 비생산적 일과를 보내던 초반과 달리 동굴 생활에 적응해 가는 과정에서 서로의 휴식과 활동 방식에 영향받았기 때문입니다.

탐험가 크리스티앙 클로는 코로나19 확산으로 유럽 전역이 봉쇄와 사회적 거리 두기를 반복하며 타인과의 교류가 끊어지는 상황에서 처음 딥 타임 프로젝트를 구상했습니다. 그리고 이 모든 과정을 기록한 《딥 타임》(웨일북, 2022)에서 '우리의 생체 시계가 공동체 속에서 균형을 찾으려면 타인과 접촉해야 한다'고 결론을 내립니다.

이러한 접촉을 '사회적 접촉'이라고 합니다. 신체 접촉과 더불어

생체리듬도 변화시키는 접촉의 힘

오랜 시간 훈련과 휴식 사이클을 함께 반복하는 운동선수들의 호흡이 잘 맞는 것도 당연한 이치가 아닐까요. 1954년, 미국의 사회심리학자 고든 올포트는 최초로 편견이라는 현상을 체계적으로 분석한 기념비적 저서 《편견》(교양인, 2020)을 출간했습니다. 여기서 그는 서로 다른 인종 사이에 벌어지는 차별과 편견, 증오를 줄일 수 있는 방법으로 '접촉'을 제안했어요. 이를 '접촉가설'이라고 합니다. 다만 무분별한 접촉까지도 효과적인 것은 아니기에 다음과 같은 조건이 성립해야 한다고 말합니다.

- 동등한 지위
- 협력과 소통
- 당국의 지원

스포츠 팀이나 함께 운동하는 사람들이 모인 공간은 이 접촉가설에 부합한 공동체입니다. 반면 직장에서는 평등하지 않은 지위와 임금 때문에 오래 접촉하더라도 편견의 벽을 넘기 어렵습니다.

동명의 소설을 바탕으로 한 일본 영화 〈달려라 T학교 농구부〉의 주인공 '요이치'는 장래가 촉망되는 고등학교 농구선수였어요. 어느 날 그는 농구부원들에게 집단 괴롭힘을 당하던 절친을 도우려다 도리어 자신이 왕따의 표적이 됩니다. 아이들은 연습 중 일부러 요이치와 세게 부딪히거나 패스를 주지 않기도 합니다. (요이치의 고통이 어땠을지는 잠시 후 자세히 알아 보도록 해요.) 심지어 피해자였던 친구마저 가해 학생 무리에 가담한 모습에 충격을 받은 그는 농구를 그만두고 학교도 옮깁니다. 'T학교'라고 불리는 타다노 고등학교로 전학 온 요이치는 농구부원들의 끈질긴 구애 끝에 다시 코트에 들어섭니다. 친구들로 인해 농구를 포기했지만, 사그라진 열정의 불꽃을 다시 살려준 것도 친구들이지요.

이처럼 우정을 과학적 시각으로 탐구한 작가 리디아 덴워스는 친구야말로 '승인과 지지의 중요한 원천'이라고 말합니다. 사람은 대부분 성인이 되기 전까지 부모에게 도움을 줄 일이 별로 없어요. 대신 친구를 사귀면서 그들을 돕고 지지하는 법을 배우게 됩니다. (혹은 반려동물을 키우며 조건 없는 부모의 사랑을 체험할 수도 있고요.)

다시 영화 이야기로 돌아가 보면 T학교 농구부는 하위권을 밑돌던 최약체였지만, 그해 전국고교 농구대회에 출전해 결승전까지 진출하며 파란을 일으킵니다. 결승 상대는 요이치에게 상처를 주었던 하쿠스이 고등학교. 두 팀은 마지막 순간까지 대등한 경기를 펼치죠. T학교 농구부가 선전할 수 있었던 이유는 무엇이었을까요. 요이치는 이렇게 독백합니다.

"우리에게는 하쿠스이 농구부에 없는 강한 유대감이 있었어요. 그것만큼은 전국 수준의 그 어느 강팀에게도 뒤지지 않았지요."

요이치는 그곳에서 친구에 대한 신뢰를 회복했습니다. 그리고 T학교 농구부원들은 농구의 가치를 새로 발견하게 되었어요. 서로를 연결해 주는 한편 세상에서 가장 재미있는 스포츠라는 것을.

〈달려라 T학교 농구부〉의 해피 엔딩은 영화라서 가능한 이야기가 아닙니다. 영국의 동물학자 데즈먼드 모리스는 《축구 종족》(한스미디어, 2016)에서 원시시대의 사냥이 현대의 축구로 재탄생했다는 이야기를 합니다. 무기는 축구공이고, 사냥감은 골문이 되었다는 겁니다. 둘 사이에는 유사성이 꽤 많습니다.

- 빠른 경기 흐름을 따라 긴 시간 뛰려면 고도의 **집중력**과 강한 **체력**이 필요하다.
- 어떤 상황에서도 효율적으로 움직이기 위한 **힘**과 **기술**이 있어야 한다.
- **넓은 시야**와 더불어 정확한 슛을 **조준**하는 능력이 필요하다.
- 어떠한 위험 상황에도 맞설 수 있는 **용기**를 길러야 한다.
- 무엇보다 골(사냥감)을 얻기 위해서는 선수들 사이에 적극적인 **연대**와 **협력**이 중요하다.

축구가 대중에게 인기 있는 스포츠가 될 수 있었던 이유는 원시 사냥이 가진 놀이 본능 그리고 사회성 덕분입니다. 물론 럭비와 농구, 야구, 하키, 라크로스 등 모든 팀 스포츠에는 이 두 가지 요소가 살아 있어요. 흔히 어떤 조직의 팀워크를 강조할 때 '한 몸'이라는 비유를 즐겨 사용합니다. 마찬가지로 축구에서 팀은 몸이고, 각 포지션의 선수들은 양팔과 다리, 몸 속 장기(臟器)라고 할 수 있어요. 내장의 여러 기관은 상호작용하면서 제 기능을 유지합니다. 마찬가지로 팀이 승리를 얻으려면 선수들의 콤비플레이가 뒷받침돼야만 해요. 몸과 관련한 비유는 또 있습니다. 동료들과 조화를 이루는 것을 볼 때 "호흡이 잘 맞는다"고도 말합니다.

그렇다면 호흡이 맞지 않는 반대의 경우는 어떨까요? 프랑스 축구팀이 좋은 사례가 될 수 있을 듯하네요. 2010년 남아프리카공화국 월드컵에서 프랑스는 조별 예선 탈락이라는 초라한 성적을 거듭니다. 이변의 원인은 무엇이었을까요? 당시 주전 공격수 니콜라 아넬카가 감독에게 욕설을 하며 대들었다는 이유로 대표팀에서 축출되는 사건이 터집니다. (훗날 욕설은 없었던 것으로 밝혀졌어요.) 그러자 선수들이 단체로 훈련을 거부하며 상황이 악화됩니다. 여기에 프랑스 언론은 물론 전 세계에서 비난이 쏟아졌어요. 이런 내홍에 자국 팬들마저 등을 돌려 버립니다. 예선 마지막 상대였던 남아공과의 경기에서는 에펠탑 앞에 모인 팬들이 프랑스 팀에 야유를 보내며 남아공을 응원하기도 했으니까요. 이에 지녀딘 지단과 더불어 프랑스를 대표하는 티에리 앙리는 월드컵 내내 제 기량을 보여 주지 못했습니다. 앙리는 자신이 부진했던 이유를 이렇게 설명합니다.

"나는 프랑스 대표팀에서 외로웠다."

이들을 무너뜨린 것은 상대 팀이 아닌 '불화'였습니다.

생체리듬도 변화시키는 접촉의 힘

외로울 때는
왜 몸도 아픈 걸까?

고립과 갈등 그리고 외로움 같은 사회적 고통은 우리 신체에 어떤 영향을 주는 걸까요. 미국 퍼듀 대학교의 심리학자 키플링 윌리엄스는 어느 날 반려견과 함께 공원을 산책하던 중 등에 프리스비(Frisbee, 플라스틱 원반)를 맞았습니다. 돌아보니 두 남자가 프리스비를 다시 던져 주기를 기다리고 있었어요. 어느새 윌리엄스는 이들과 함께 프리스비를 던지는 놀이를 하게 되었습니다. 하지만 즐거움을 그리 오래 가지 못했습니다. 그들은 아무 말도 없이, 윌리엄스를 쳐다보지도 않고 자기들끼리 프리스비를 던지며 가 버렸어요. 윌리엄스는 그 순간 자신이 누군가에게 배제됐다는 고통스러운 감정을 느꼈다고 해요. 이날의 경험은 굴욕적이고 불쾌했지만, 귀중한 영감이 돼 비슷한 실험을 몇 차례 진행한 후 〈사이버볼(Cyberball)〉이라는 컴퓨터 시뮬레이션 게임을 개발합니다.

미국의 사회심리학자인 매튜 리버먼, 그의 아내이자 동료인 나오미 아이젠버거는 오스트레일리아에서 열린 학술대회에서 윌리엄스를 만나 〈사이버볼〉에 대한 이야기를 듣습니다. 이를 토대로 세 학자는 〈사이버볼〉을 이용해 '사회적 거부'가 가져오는 고통에 대한 실험을 진행합니다.

먼저 실험 참가자에게 '기능적 자기공명영상(fMRI)' 스캐너 안에 누워 〈사이버볼〉 게임을 하라고 주문합니다. 게임은 아주 단순해요. 인터넷으로 연결된 다른 두 사람과 가상의 볼을 주고받는 겁니다. 하지만 실제로 이들은 사전에 프로그래밍된 아바타였습니다. 유일한 '인간' 참가자는 자신과 같은 실험자들이 스캐너 안에서 함께 게임을 하고 있다고 믿고 있어요. 몇 분이 지나자 아바타는 본색(!)을 드러내며 인간 참가자에게 공을 주지 않습니다. 실험이 끝난 후 참가자들은 자신이 겪은 일로 인해 분개하거나 마음 아파했습니다. 이들의 뇌 영상 촬영 결과, 신체적으로 고통받을 때 반응하는 뇌 부위인 배측 전대상피질이 활성화됐다고 해요. 다시 말해 뇌는 정서적 고통과 육체적 고통을 비슷하게 해석한다는 겁니다. 무시와 따돌림, 누군가에게 버림받는 경험은 정말로 '상처'가 돼요.

사회신경학이라는 분야를 창시한 존 카치오포 박사는 여러 연구를 통해 외로움이 건강에 미치는 영향을 밝혀내기도 했습니다. 먼저 외로움은 생활 습관에 영향을 미칩니다. 연구에 따르면 사회적으로 유대감이 강한 사람들은 외로움을 느끼는 사람들보다 신체 활동을 할 가능성이 37퍼센트 더 높고, 하루 10분 정도 더 운동합니다. 흔히 산책로나 체육관 등에서 친구들끼리 운동하는 장면을 어렵지 않게 볼 수 있어요. 그러나 혼자일 경우 조금만 피곤해도 '안 되겠다. 오늘은 좀 쉬고 내일부터 해야지'라며 자신과 타협하기 일쑤입니다. 움직임 자체를 싫어하는 사람의 경우에는 운동화 끈을 묶고 나가는 것만도 상당한 의지가 필요하기도 하고요. 특히 달리기나 웨이트트레이닝은 혼자 하면 지루하고 재미없다는 이유로 중간에 그만두는 경우가 많아요. 또 외로움을 느끼는 사람들이 하루에 더 많은 지방을 섭취한다고 합니다.

많은 이들이 외로움이나 우울함 등을 극복하는 데 운동이 좋다는 사실을 알고는 있습니다. 하지만 정작 그 상황에서는 폭음이나 폭식, 게임 같은 더 쉬운 방법을 선택하고는 해요. 인간의 의지력은 무한하지 않습니다. 마치 전쟁터에 나가는 군인의 탄약 같은 거라 사용할수록 고갈된다고 하지요. 이럴 때 함께 뛰거나 몸을 잡아 주며 대화를 나누는 친구, 의지를 북돋아 주는 친구가 있다면 운동 습관을 만들기가 훨씬 수월할 거예요.

외로움이 주는 더 심각한 위험은 스트레스입니다. 사실 스트레스는 과하지만 않다면 인간에게 무조건 나쁜 것만은 아닙니다. 뒤에서 자세히 다루겠지만, 우리 조상들에게 스트레스는 위협에 효율적으로 대처하기 위한 신체 반응이었습니다. 사나운 포식자나 적을 만났을 때, 인체는 신속하게 맞서 싸우거나 달아나기(이른바 '투쟁-도피 반응')에 적합한 상태에 돌입합니다. 소화나 생식기능에 사용될 혈액을 심장과 근육, 폐, 눈에 보내 현재의 위협에서 벗어날 수 있도록 하지요. 영화나 드라마에서 갑자기 사고가 발생했을 때 초인적인 힘을 발휘해 평소보다 더 빨리 달리거나, 무거운 것을 들어 올리는 장면을 본 적이 있을 거예요. 이런 걸 급성 스트레스라고 할 수 있어요. 또 통제할 수 있는 스트레스는 우리를 좀 더 강하고 의욕적으로 만들어 줍니다. 배우가 무대에 자주 오르면서 긴장을 즐기게 되고, 운동선수가 무거운 바벨을 들어 올리며 근육을 키우는 것과 같지요.

문제는 스트레스가 일시적인 상황으로 정리되지 않을 때 발생합니다. 인간관계로 인한 갈등, 성과나 미래에 대한 고민, 이성 문제, 외모 콤플렉스 등 오랜 시간 지속되거나 반복되는 문제들이 흔히 말하는 만성 스트레스가 됩니다. 비록 낮은 강도의 스트레스지만 우리 몸은 지난 수십만 년 동안 학습한 대로 그것을 생사가 달린 위기 상황으로 받아들입니다. 좀도둑 한 명을 잡을 때마다 온 도시에 비상 대피령이 내려지고 군경 수백 명이 출동한 것과 같다고 해야 할까요. 즉 우리 면역계가 긴 시간 과로에 시달리는 겁니다. 필요 이상의 과도한 각성과 신진대사가 잦아질 경우 면역 기능에 이상이 생기는데, 대표적인 현상이 염증입니다. 원래 염증은 면역 세포를

외로울 때는 왜 몸도 아픈 걸까?

동원해 세균과 싸우고 상처의 회복을 도와요. 때문에 세균을 막아 내거나 상처가 치유되면 염증도 가라앉는 게 정상이지요. 하지만 만성적인 스트레스 상황은 염증을 오래가게 만들어요. '스트레스는 만병의 근원'이라는 말처럼 만성적인 염증은 관절 기능 손상에서부 터 심혈관계 질환, 우울증, 암 등 여러 병에 걸릴 위험을 높입니다.

1988~1991년, 당시 초등학생이던 저는 온갖 염증성 질환에 시 달렸어요. 지금 생각해도 구내염은 이해할 수 없을 만큼 자주 생겨 서 툭하면 혀와 잇몸, 입술 안쪽 어딘가가 헐었지요. 그러다 나중에 는 반쯤 포기하다시피 해서 입안의 쓰라림을 일상의 한 부분으로 여겼던 것 같아요. 저는 밤이면 염증이 난 자리에 꿀을 바르고 혀끝 으로 단맛을 음미하면서 잠이 들고는 했어요. 또 그 시기에는 편도 선염에도 쉽게 걸렸습니다. 온몸을 태울 듯한 고열과 물도 삼키기 어려울 만큼 부은 편도선 때문에 해마다 열흘 이상 학교 수업을 빠 지고는 했습니다.

영국의 경제학자 노리나 허츠는 《고립의 시대》(웅진지식하우스, 2021)에서 친구들에게 따돌림을 당하며 자신을 혼자라고 느끼던 1975년(8세), 잦은 편도선염을 앓던 이야기를 들려줍니다. 이 대목 을 읽으며 저는 비로소 제 초등학생 시절을 이해할 수 있었어요. 저 희 가족은 당시 심각한 생활고를 겪었고, 그로 인해 어머니는 돈을 벌기 위해 타국에 나가 있었습니다. 제 곁에는 동네에서 소문난 술 꾼이자 장애를 갖고 있던 아버지와 자기 고민만으로 삶이 벅찬 사춘기 청소년이던 형, 이렇게 두 사람뿐이었지요. 가정과 학교, 동네 어디에서도 아무렇게나 방치되다시피 한 아이를 놀이에 끼워 주는 일은 없었습니다. 그때가 제 인생에서 가장 외롭고 어두운 시절이었어요.

외로움에 빠진 몸은 그 자체로 스트레스를 받은 몸입니다. 사람의 마음을 약하게 만들기도 합니다. 그리하여 자신을 성장시켜 줄 유익한 스트레스(무대, 운동)마저도 즐거운 도전으로 여기지 않아요. 눈앞의 현실에 적극적으로 대처하기보다는 비관적으로 느끼고 회피하려 들지요. 존 카치오포 박사는 연구를 통해 같은 스트레스 상황이라도 외로움이 깊을수록 더욱더 소극적이고 수동적인 반응을 보인다는 사실을 발견했습니다. 뿐만 아니라 다른 사람에게 자신의 문제에 대해 도움을 구하려고 하지 않는다고 해요. 외로움을 느끼는 사람은 주변에서 즐거움을 느끼고 있는 사람이 있을 때 가까이 다가서기보다는 물러서려는 경향을 보입니다. 또 자신과 친해지려는 사람에게조차 속마음을 숨김으로써 외로움이 더욱더 깊어지는 상태를 만들어요. 〈달려라 T학교 농구부〉에서 요이치가 전학 초반 누구에게도 마음을 열지 않고, 농구 코트에서 도망치려고만 했던 것도 같은 이유 때문입니다.

연대와 협력이 주는 유익함, 외로움에서 생겨나는 고통은 어디에서 기원하는 것일까요? 미국의 심리학자 윌리엄 폰 히펠은 오스트랄로피테쿠스 아파렌시스(일명 '루시')가 등장한 350만 년 전부터

외로울 때는 왜 몸도 아픈 걸까?

무리 생활이 중요해졌다고 설명합니다. 던지기 능력이 뛰어났던 그들은 경험을 통해 함께 돌팔매질을 하면 검치호랑이나 사자 같은 사나운 포식자들을 물리칠 수 있다는 걸 배웠습니다. 이 방식은 홀로 돌팔매질을 하거나 서너 명이 몽둥이를 사용하는 것과는 비교할 수 없이 안전하고 효율적입니다. 얼마 안 가 집단 돌팔매질 방어는 사냥으로 발전합니다. 무리를 이루면 사냥하고 채집한 식량을 모두가 나누었기에 홀로 움직일 때보다 덜 굶주립니다. 이렇게 협력이 생존에 유리하다는 것을 알게 되면서부터 협력하려는 욕구와 협력할 줄 아는 능력이 생겨났습니다.

서로 도와야 할 이유는 이뿐만이 아닙니다. 무리를 이루면 짝짓기 상대를 만날 확률도 그만큼 더 높지요. 또 아이들의 양육도 함께 할 수 있으므로 개인과 무리 모두가 번성할 수 있었습니다. 사회성은 이후 호모 에렉투스를 거쳐 현생인류인 호모 사피엔스에 이르면서 더욱 강력한 무기로 진화해요. 호모 사피엔스가 더 강한 신체 조건을 가진 네안데르탈인을 이길 수 있었던 이유도 의사소통을 바탕으로 한 고차원의 집단적 협력과 유대 덕분이었습니다. 오랜 세월에 걸쳐 인간의 유전자는 선택의 압력을 받으며 타인과 관계를 맺는 걸 더 선호하는 쪽으로 변화했습니다.

지금과 마찬가지로 조상들의 무리 안에도 얌체들은 있었습니다. 자신은 아무 기여도 하지 않으면서 공동체의 이익만 누리려는 이른바 무임승차 골칫거리였지요. 그래서 모든 구성원이 협력의 의무를 지키도록 할 강제 수단을 마련했는데, 바로 '추방'입니다. 한

번 생각해 보세요. 여러분은 지금껏 동료들의 보호를 받으며 공동체의 울타리 안에서 안전하게 지내다가 어느 날 갑자기, 사방이 탁 트인 초원으로 쫓겨났습니다. 아마 그 순간부터 공포에 사로잡힐 거예요. 이제 망을 봐 주거나 함께 싸워 줄 존재가 없으므로 어디에 가도 온종일 사방을 경계해야 합니다. 야행성 맹수가 언제 자신을 덮칠지 모르기에 잠을 자더라도 얕게 잠들거나 자주 깰 수밖에 없지요. 언제든 투쟁-도피 모드로 전환할 수 있는 극도의 긴장 상태. 우리의 뇌는 석기 시대와 다르지 않습니다. 공동체 밖에서 외로움에 빠진 몸이 만성적인 스트레스를 겪을 수밖에 없는 이유는 이 때문입니다.

사실 외로움은 그 자체로 나쁜 감정이 아닙니다. 그것은 진화를 통해 우리 몸에 심어진, 혼자 남겨진 위험에서 벗어나라는 생물학적 반응입니다. 그래서 존 카치오포 박사는 외로움이 배고픔이나 통증처럼 '자연스러운 현상'이라고 설명합니다. 우리가 허기지면 음식을 찾고, 날카로운 가시에 찔리면 얼른 손을 빼내는 것과 같아요. 좀 더 쉬운 비유를 들면 외로움은 일종의 정서적 화재 경보라고 할 수 있습니다. 내면에서 피어오르는 연기(외로움, 고립감)를 감지한 화재 경보기(뇌)가 '얼른 타인과 접촉해 더 큰 불을 막아!'라며 신호를 보내는 겁니다.

행운의 여신은 친구와 동료의 모습으로 다가온다

미국의 경제학자 로버트 프랭크는 《실력과 노력으로 성공했다는 당신에게(Success and Luck)》(글항아리, 2018)에서 성공을 거둔 많은 사람들이 자기가 성공한 이유를 오직 재능과 노력 덕분으로 여긴다는 점을 지적합니다. 실력주의라고 일컫는 이런 사고방식이 착각인 이유는, 바로 '행운'의 중요성을 외면하고 있기 때문입니다. 예를 들어 교육과 안전이 보장되는 나라에서 태어나고, 성품이 좋고 재력까지 가진 부모를 만나는 것은 능력 밖의 요인이에요. 기업은 정부의 투자나 세제 혜택 같은 정책에 큰 영향을 받습니다. 입시나 취직에서는 대기자 명단에서 추가 합격의 기회를 얻는가 하면, 영화계에서는 캐스팅 1순위 배우의 거절로 의외의 배우에게 배역이 돌아가는 경우도 종종 있습니다.

실제로 컴퓨터 모의실험을 해보니 **경쟁자 수가 많아질수록 행운이 더 중요한 변수로 작용한다**는 결과가 나왔습니다. 세계선수권대회 혹은 올림픽을 예로 들어 볼게요. 국가대표 선수는 (시)도 대회나 전국체전보다 더 많은 경쟁자를 상대해야 합니다. 게다가 이 중에는 최고 수준의 기량을 갖춘 선수도 여럿 있을 거예요. 이처럼 모의실험에서도 경쟁자 수가 3명, 10명, 1,000명일 때 최고 능력수준 값은 각각 75, 90, 99.9가 나왔습니다. **쉽게 말해 경쟁률이 높아질수록 더 뛰어난 능력자들이 등장합니다.**

로버트 프랭크는 경쟁자 수를 1,000명, 1만 명, 10만 명으로 구분해 각각 토너먼트 경쟁을 1,000번씩 진행했습니다. 그랬더니 경쟁자 수가 많을수록 승자에게 행운의 비중이 높아지는 흥미로운 결과가 나왔어요. 심지어 다른 경쟁자보다 재능+노력 점수가 더 낮은, 즉 실력만으로는 결코 이길 수 없었던 경우도 대부분이었죠. 사실 이 실험에서 행운은 고작 성과의 2퍼센트에 불과했고, 나머지 98퍼센트는 재능과 노력이 반반씩 차지했어요. 그럼에도 행운이 결과에 미치는 영향이 컸던 이유는 무엇일까요?

어찌 보면 이는 자연스러운 일입니다. 행운은 우연의 지배를 받으므로 자기가 통제할 수 없어요. 즉 가장 능력이 뛰어나다고 해서 남보다 운까지 좋을 수 없는 법입니다. 따라서 최고 수준의 경쟁자가 여럿이 모여 박빙의 승부를 벌이는 상황일수록 '가장 유능한 사람'보다 '가장 운이 좋은 사람'이 승리하는 게 보통이라는 겁니다. 육상 경기에서 바람의 영향을 생각해 보면 쉬운데, 세계신기록의 대부분이 순풍일 때 수립됩니다. 그런 이유로 육상연맹에서는 초속 2미터가 넘는 순풍이 부는 상황에서 나온 세계 기록은 인정하지 않습니다.

그런데 행운은 단순히 외적 요인만을 의미하지 않습니다. 야구에서 팀 동료의 활약에 대해 한번 생각해 봅시다. 투수가 아무리 호투를 펼쳐도 상대 타자는 언제든 공을 쳐 낼 수 있어요. 그런데 득점권 주자가 있는 상황, 담장까지 뻗어 나갈 수 있었던 총알 같은 직선타구(라인 드라이브)를 야수가 다이빙 캐치로 아웃시킵니다. 덕분에 투수는 실점을 막고 평균자책점을 낮출 수도 있습니다. 반면 선발 투수가 적지 않게 실점했더라도 타선에서 더 많은 점수를 뽑아 주고, 셋업맨(홀드)과 마무리(세이브) 투수가 리드를 잘 지켜 준다면 승리를 기록할 수 있습니다. 야구에서는 좋은 타격이 승리를 건지는 것 못지않게 나쁜 수비가 게임을 망치는 경우를 심심찮게 볼 수 있어요. 이처럼 피칭이 야구의 70~80퍼센트를 차지하더라도 투수 혼자서 스물일곱 개의 아웃을 모두 잡아내는 건 아닙니다. 동료들의 눈부신 선전은 승리 투수를 판가름하는 행운입니다.

또 농구나 축구에는 공을 가진 동료가 수월하게 공격할 수 있도록 상대 수비수를 막아 주는 스크린 전술이 있습니다. 스크리너가 슈터를 보호하고 수비수를 막는 과정에서 강한 신체 접촉과 충돌이 발생하고는 합니다. 동료의 능력을 돋보이게 해 주려는 이 궂은일(!)은 다른 말로 '자기희생'과 '헌신'이라고 할 수 있겠습니다. 그걸 아는 슈터들은 스크린을 해 준 동료에게 고마움을 표현하고요.

이렇듯 대개의 팀 스포츠에서는 특정 선수가 스포트라이트를 받는다고 해서 공로가 한 개인에게만 있다는 걸 의미하지 않아요. 로버트 프랭크가 행운의 중요성을 강조한 이유 역시 노력과 재능을 폄하하기 위한 게 아닙니다. 만약 자신의 성공을 전적으로 자기 잘난 덕분이라고 여긴다면, 타인의 몫이어야 할 공까지 가로채는 노릇이 됩니다. 당연히 이런 행동이 다른 사람들에게 좋게 보일 리 없겠지요. **행운의 여신은, 여러분 주변의 친구와 동료의 모습으로 다가옵니다.** 그것을 인정한다면 사람들은 그런 여러분을 더 좋아할 거예요. 여러분이 함께하고 싶은, 매력적인 팀원으로 보일 테니까요. 이런 겸손과 다정함은 더 큰 성공으로 이어질 겁니다.

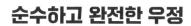

순수하고 완전한 우정

이 장의 끝은 아리스토텔레스의 이야기로 마무리하겠습니다. 그는 《니코마코스 윤리학》에서 우정을 세 가지로 구분하고 있어요.

첫째, 이해관계로 맺어진 우정.

둘째, 같은 즐거움에 기반을 둔 우정.

셋째, 순수하고도 완전한 우정.

첫 번째 유형은 '그 사람이 내게 이익이 되는가'를 따집니다. 보통 직장 동료나 계약으로 맺은 관계가 여기에 속하지요. 계산적인 만

남이라고 비난할 수도 있지만, 일상에서 이런 식의 교제는 꽤 흔합니다. 스터디 모임, 면접 노하우와 자기소개서 쓰는 법 등을 공유하는 취업 준비 모임 등도 이 유형에 속한다고 할 수 있어요. 대부분 이들의 관계는 목적을 달성하거나 상대방의 유용성이 사라지면 자연스럽게 소원해집니다.

두 번째 유형은 서로에게 즐거움을 주는 것을 매개로 만나는 사이입니다. 대개 취미나, 파티, 맛집 찾기 같은 유흥을 함께 즐기는 관계가 해당합니다. 이들을 이어주는 건 공통의 기호와 취향이에요. 특히 즐거움의 대상은 10~20대 때 자주 바뀝니다. (제 조카는 초등학생 때 BTS의 열렬한 팬이었다가 중학생이 되면서 투모로우바이투게더를 좋아했고, 고등학생이 된 지금은 8090 음악을 즐겨 듣습니다.) 그래서 아리스토텔레스는 이를 '젊은이들의 우정'이라고도 부릅니다.

세 번째 유형은 아무 조건 없이 친구의 존재 그 자체만으로 기쁨을 느끼는 우정입니다. 자기 자신을 대하듯 친구를 아끼고, 그가 잘되기를 진심으로 바랍니다. 하지만 이런 친구는 흔하지 않습니다. 진화인류학자 로빈 던바는 연구를 통해 우정의 질은 그 사람이 쏟은 시간과 비례한다는 것을 보여 줍니다. 홀로 동시에 여러 사람과 사랑에 빠지는 게 불가능하듯, 100명의 친구와 자기 일처럼 기쁨과 슬픔을 나눌 수 없는 법입니다. 깊은 신뢰는 구체적인 경험이 모인 결과고, 진정한 우애를 쌓으려면 오랜 교류가 필요하니까요. 때문에 아리스토텔레스는 당시 속담을 빌려 서로를 깊이 알려면 "소금 한 가마니를 먹는 세월"이 필요하다고 말해요. 옛날에는 소금이 귀

순수하고 완전한 우정

하기도 했고, 짜디짠 소금을 한 가마니나 먹으려면 긴 시간이 필요할 거라는 의미입니다. 그는 "친구란 무엇인가?"라는 물음에 "두 몸에 거주하는 하나의 영혼"이라고 대답하기도 했어요.

흥미롭게도 아리스토텔레스는 즐거움을 기반으로 한 관계가 계산적인 관계에 비해 진정한 우정에 더 가깝다고도 말합니다. 그런데 여기서 중요한 건 즐거움의 종류입니다. 늦은 밤 자려고 누웠을 때 친구가 온라인 게임에 접속하라는 메시지를 보낸 적이 있지 않나요? 주변 친구들은 존재만으로 '또래 압력'을 가합니다. 또래 압력이란, 동료나 또래 집단으로부터 같은 행동을 하도록 가해지는 압력을 의미해요. 또래 압력은 대개 '내부'에서 발생합니다. 예를 들어 함께 어울리고 싶은 그룹이나 잘 보이고 싶은 사람이 있다고 가정해 봅시다. 만약 그들이 나라면 하지 않을 행동(불법적이거나 비윤리적인 행위 등)을 하고 있다면 어떻겠어요? 강요가 없더라도 이들과 친해지기 위해 그 행동에 동참해야 한다고 생각할 겁니다.

이런 식으로 많은 10대가 친구를 통해 일탈을 경험합니다. 실제로 주변에 친구가 많을수록 개인이 소비한 알코올 양이 많았다는 연구 결과도 있습니다. 성인도 또래 압력의 영향을 받아요. 저 역시 사회 초년생 시절 걸핏하면 술을 마시자고 붙잡는 직장 동료로 인한 스트레스로 퇴사까지 고민했던 적이 있습니다. 매번 거절하기가 어려워 마지못해 나갈 때마다 폭음을 해 몸살이 나고는 했습니다.

반면 운동이나 스포츠를 함께 즐기며 맺어진 이른바 '약한 유대'

관계를 볼까요. 앞서 크로스핏 운동의 경우를 통해서도 이야기했지만, 단체 운동에서는 끊임없이 서로에게 "할 수 있어" "잘했어" "나이스" 같은 격려와 응원을 주고받습니다. 단순하지만 진심 어린 몇마디 말을 듣는 것만으로도 자신감이 생깁니다. 타인이 내게 보여주는 믿음이 자기 신뢰로 전가됐기 때문이에요. 타인이 내가 할 수 있다고 믿어줄 때, 내 안에서도 할 수 있다는 자신감이 생기는 겁니다. 이런 호의야말로 진정한 우정의 시작이라고 할 수 있어요. 비슷한 가치관을 공유하고 서로의 발전을 응원하는 사람과의 만남은 언제나 즐겁습니다.

꼭 비싼 돈을 주고 크로스핏 회원권을 등록하거나 축구 클럽에 가입할 필요는 없어요. 시작은 간단할수록 좋겠지요. 가까운 코트로 나가 3대 3 농구를 하거나, 공원에서 캐치볼을 해 보는 건 어떨까요. 매일 시간을 정해 친구와 함께 산책로를 달려도 됩니다. 철학자 한병철은 독일어로 자유(Freiheit)란 말은 본래 '친구들 곁에 있음'을 의미한다고 말합니다. 타인과의 관계 속에서 자유를 경험할 수 있기를. 삶은 여행이므로 여러분 주변에 친구라는 다양한 간이역을 두기 바랍니다. 잊지 마세요. 여러분과 마주치는 모든 사람의 마음속에 참된 우정의 가능성이 자리 잡고 있음을. 그 씨앗에서 싹을 틔우는 건 따스하고 친밀한 접촉이라는 것을.

[4장]

용기란 무엇인가

: 넘어진 곳에서 다시 일어서는 힘

자신보다 강한 상대와
정면으로 맞붙다

1974년 10월 30일 새벽, 선수 대기실은 무겁게 가라앉아 있었다. 코칭 스태프와 매니저, 선수의 형제 등 대부분의 표정은 침울했다. 시합을 취재한 미국의 소설가 노먼 메일러는 그곳의 풍경이 마치 '환자의 친척들이 수술 결과를 듣기 위해 기다리는 병원' 같았다고 묘사했다. 기자들은 이번 경기에서 '더 그레이티스트(The Greatest, 복싱 선수 무하마드 알리의 별명)'의 종말을 보게 될 것이라고 예견했다. 도박사들은 5대 2로 알리가 패배할 것이라고 점쳤다. 하지만 자이르 국민들은 그런 분위기를 무시하듯, 한결같이 "알리, 부마예! 알리, 부마예!"를 외쳤다. 알리, 그를 때려눕혀요!

무하마드 알리가 일행들에게 말했다.

"겁낼 것 없어요."

그는 마음속의 두려움 그리고 대기실의 슬픈 기운을 몰아내듯 경쾌한 말과 몸짓을 멈추지 않았다.

"우리는 오늘 밤 춤을 출 거야."

1974년 10월 30일 새벽 4시, 자이르(지금의 콩고민주공화국)의 킨샤사에서 복싱 역사상 최고의 명승부가 펼쳐집니다. 스물다섯 살의 챔피언 조지 포먼과 서른두 살의 더 그레이티스트 무하마드 알리가 맞붙은 이날의 시합을 일컬어 '정글의 혈투'라고 부릅니다. 많은 이들이 '알리의 전성기는 이미 지났다'고 말하던 시기라 대다수가 조지 포먼의 승리를 점쳤습니다.

1971년 3월, 알리는 조 프레이저와 15라운드까지 가는 접전 끝에 '프로 데뷔 후 첫 패배'라는 수모를 겪습니다. 그리고 1973년 3월 31일, '검은 헤라클레스'라고 불리던 켄 노턴에게 판정패를 당하지요. 이 시합에서 알리는 한때 자신의 연습 상대였던 노턴의 주먹에 턱뼈가 부서져 90분 동안 수술을 받았습니다. 이후 9월에 열린 노턴과의 재시합에서 승리하지만 12라운드까지 가는 막상막하의 승부였어요. 그리고 이듬해 1월, 알리는 12라운드로 진행된 조 프레이저와의 재대결에서 판정승을 거둡니다.

그런데 조지 포먼은 알리가 고전했던 두 선수를 가볍게 제압했습니다. 1973년 1월, 자메이카에서 포먼은 조 프레이저를 2라운드에

KO 시켰어요. 이어서 1974년 3월 켄 노턴 역시 2라운드에만 세 번의 다운을 빼앗으면서 무너뜨리죠. 간접적이지만 알리와 포먼, 두 선수의 전력 차이를 이보다 더 확실히 보여 줄 수는 없습니다.

포먼은 역대 헤비급 선수 중 최강의 하드펀처. 반면 알리는 "나비처럼 날아서 벌처럼 쏜다"는 자신의 말처럼 춤을 추는 듯한 풋워크와 빠른 움직임, 날렵한 펀치를 자랑하는 아웃복서. 문제는 알리의 스피드가 예전만 못하다는 것이었습니다. 사람들의 관심은 누가 승자인가가 아닌 '알리가 포먼의 주먹을 얼마나 버틸 수 있는가'였어요. 심지어 포먼을 훈련시킨 전설적인 복서 아치 무어는 경기 직전 알리가 죽지 않게 해달라며 기도했을 정도지요. 시합 당일, 자신의 코칭 스태프조차 열패감에서 빠져나오지 못하던 상황에서도 알리는 승리를 자신했습니다.

"챔프, 춤추듯이 움직여야 해!"

"포먼에게 멀리 떨어져서 계속 움직여."

트레이너가 알리에게 끊임없이 주문했다. 포먼 역시 지금까지 알리가 거리를 두고 이리저리 움직이는 것을 봉쇄하는 훈련을 해 왔다. 그런데 모두의 예상을 뒤엎었다. 1라운드부터 알리가 정면으로 맞서며 주먹을 날렸기 때문이다. 포먼은 자신을 두려워하지 않는 상대와 싸우는 상황이 낯설었다.

알리는 로프에 기대서서 성난 상대의 주먹을 받아 냈다. 가만히 선 채로 헤비급 선수의 주먹을 맞는다면 가드로 막는다 해도 그 충격을 고스란히 온몸에 입을 수밖에 없다. 하지만 알리는 자신에게 전달되는 힘이 로프에 퍼지게 했다. 포먼이 날린 주먹은 허공을 가르거나 알리의 글러브와 팔에 가로막혔고, 적중하더라도 로프의 탄성이 그 충격을 흡수했다. 알리라는 성채는 포먼이 가진 탄약을 모두 소진시킬 때까지 무너지지 않을 듯 보였다. 대포가 목표에 빗맞거나 재장전하는 순간마다 날카로운 반격이 이어졌다. 5라운드가 넘어가자 포먼의 주먹에서 힘이 빠지고 움직임은 둔해졌다.

8라운드 종료 20여 초 전, 알리가 연속으로 포먼의 얼굴에 주먹을 적중시켰다. 좌우에서 꽂히는 훅과 스트레이트. 마침내 포먼이 양팔을 허우적대더니 링 바닥으로 고꾸라지듯 쓰러졌다. 무하마드 알리의 KO 승.

주심의 카운트가 끝나자마자 일행들이 일제히 알리를 에워싸고 기뻐하며 환호했어요. 그 순간, 놀라운 일이 벌어졌습니다. 알리가 갑자기 정신을 잃고 쓰러진 겁니다! 다행히 몇 초 만에 의식을 되찾았지만, 잠시나마 측근들은 기쁨이 당혹과 공포로 뒤바뀌는 끔찍한 상황을 경험했어요. 알리가 이 시합에서 얼마만큼의 긴장과 압박을 감당해야 했는지 짐작해 볼 수 있습니다.

무하마드 알리를 승리로 이끈 것은 자신이 고안한 '로프 어 도프(Rope a Dope)'라는 전술 덕분입니다. 로프에 기대 펀치의 충격을 줄이면서 포먼을 지치게 만든 것이지요. 하지만 시합 당시 알리의 코

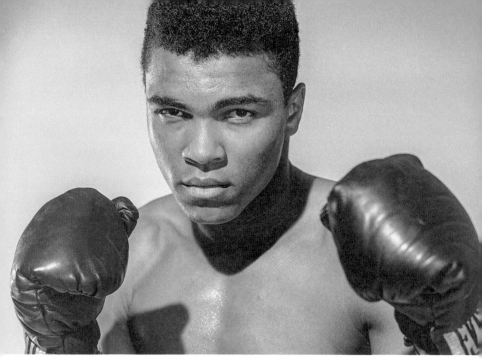

❖ 20세기 가장 유명한 인물 중 한 명인 무하마드 알리.

치와 트레이너조차 이 작전을 이해하지 못했어요. 그래서 끊임없이 거리를 두면서 싸우라고 주문했던 겁니다. 자신보다 더 강한 주먹을 가진 상대와 정면으로 맞붙어야만 성공할 수 있으리라는 담대한 발상.

아무리 로프의 탄성을 이용하더라도 프레이저와 노턴을 단 2라운드 만에 무너뜨린 포먼의 주먹을 몸으로 받아낸다는 건 목숨을 건 도박이나 다름없었습니다. 승리가 선언되기 직전까지 알리의 행동은 무모하게만 보였어요. 하지만 지금은 두려움과 고통을 받아들일 의지와 용기에 대한 상징으로 기억되고 있습니다.

두려움은 어떤 감정이고
왜 생길까?

아리스토텔레스는 《니코마코스 윤리학》에서 용기가 '비겁함'과 '무모함' 사이에 존재한다고 정의했습니다.

비겁함 ← 용기 → 무모함

비겁함은 용기의 모자람이고, 무모함은 용기의 지나침이지요. 겁쟁이는 두려움에 굴복해 충분히 할 수 있는 일도 회피합니다. 예를 들어 실패에 대한 두려움은 새로운 도전을 외면하게 하고, 거절에 대한 두려움은 상대에게 자신의 마음을 고백하지 못하게 만드는 식이지요.

반면 무모한 사람은 자신을 소중히 여기지 않고 무분별하게 위험을 초래합니다. 뉴스를 통해 이런 모습을 심심치 않게 볼 수 있습니다. 사람들의 관심을 모으기 위해 고층 건물 베란다에 매달리거나, 챌린지라는 명목으로 플라스틱 우유 상자로 쌓은 계단 위를 오르고, 기절할 때까지 자기 목을 조르는 장면이 담긴 틱톡 게시물에는 우려와 무모하다는 비난이 쏟아집니다. 이런 무모함은 용기를 모방할 따름이에요. 다른 한편으로 무모한 사람은 겉으로는 두려움이 없는 듯 행동하지만, 막상 위험이 닥치면 너무 쉽게 뒤로 물러서고는 합니다. 따라서 진정한 용기란 자신에게 닥칠 위험을 알면서도 행동하는 것을 의미해요. 용감한 사람은 두려움 속에서는 침착하고, 위험 앞에서는 민첩하게 움직입니다.

그렇다면 두려움이란 무엇이고 왜 생기는 걸까요? 아리스토텔레스는 《수사학》에서 두려움이란 "파멸이나 고통을 안겨 주는 나쁜 일이 곧 닥친다는 생각으로 인한 괴로움 혹은 불안감"이라고 정의했습니다. 다시 말해 나쁜 일이 눈앞에서 당장 벌어지려고 할 때 두려움을 느낀다는 겁니다. 그래서 젊을수록 먼 훗날 겪게 될 노환이나 죽음을 두려워하지 않는다고 덧붙여요.

그런데 우리는 일상에서 친숙하리만큼(!) 두려움을 자주 경험합니다. 항상 이용하던 엘리베이터가 갑자기 덜컹대거나, 늦은 밤 집으로 가는 길에 가로등이 꺼져 있어 깜깜한 상황 등이 그러하지요.

두려움은 어떤 감정이고 왜 생길까?

당장 무슨 일이 생긴 건 아니지만요. 학창 시절, 준비가 전혀 안 돼 있는데 쪽지 시험을 본다는 말을 들었을 때 두려움을 느끼기도 하고요.

한편으로 사람들은 두렵다는 인식이 없는 상태에서도 두려움에 대응합니다. 아리스토텔레스가 "인간은 먼 미래의 불행을 두려워하지 않는다"고 한 말과는 차이가 있지요. 예를 들어 신호등이 적색일 때 차가 달리는 도로 위로 뛰어드는 사람은 없습니다. 규칙적으로 운동을 하거나 정기적으로 건강검진도 받습니다. 이처럼 죽음이나 병에 대한 두려움은 중력을 알면서도 느끼지 못하듯 무의식적으로 언제 어디서나 느낄 수 있습니다.

그렇다면 두려움은 눈앞에 닥친 실질적인 위험에 대한 감정과 아직 나타나지 않은 막연한 위험에 대한 감정 두 가지로 나눌 수 있겠군요. 그래서 현대의 심리학자와 신경과학자들은 전자를 '공포', 후자를 '불안'이라고 구분합니다. 이 둘은 그리스 신화에도 등장하는데요. 전쟁의 신 아레스는 전장에 나갈 때마다 공포의 신 포보스(Phobos)와 불안의 신 데이모스(Deimos)라는 두 아들을 데리고 다녔다고 합니다. 포보스는 공포증을 뜻하는 포비아(Phobia)의 어원이기도 해요. 정신분석학자 지그문트 프로이트는 공포란 뚜렷한 대상(외적 원인)이 있고, 불안은 보이지 않지만 어떤 위험이 있다고 느끼는 감정이라고 말했습니다.

❖ 전쟁과 파괴를 주관하는 신 아레스의 조각상.

1980년대, 신경과학자 조지프 르두는 설치류 실험을 통해 뇌 측두엽 깊숙이 자리한 아몬드 모양의 편도체에서 두려움 신호를 보낸다는 사실을 밝혀냈어요. 편도체는 위험을 감지하는 즉시 도망칠지 싸울지를 결정합니다. 이를 투쟁-도피 반응이라고 부르는데, 1915년 생리학자 월터 캐넌이 만든 용어지요. 그런데 두려움에 대한 편도체 반응이 싸움과 도망만 있는 것은 아니에요. 흔히 쓰는 '얼어붙은 듯' 혹은 '마비된 듯'이란 표현처럼 온몸이 굳어버리는 동결 반응도 있습니다. 이 세 가지가 두려움 반응의 F3(Fight · Flight · Freeze)입니다.

위기 상황에서 편도체는 대응과 동시에 시상하부로 신호를 보내 스트레스 호르몬인 코르티솔과 아드레날린을 분비합니다. 그로 인해 심장박동과 혈압이 올라가고, 에너지 공급을 위해 몸 안에 저장해 둔 당분을 분해해요. 또 시력을 높이려고 동공이 커집니다. 소화 기능도 잠시 멈추는데 분산된 에너지를 오로지 생존을 위한 활동에 집중시키려는 것입니다.

편도체는 신속 대응에 초점을 맞추다 보니 종종 실수를 일으킵니다. 예를 들어 하천 산책로에서 걷고 있는 중에 갑자기 몇 발짝 앞에 있는 뱀을 발견한다면! 보통은 화들짝 놀라 외마디 소리를 내며 뒤로 물러서겠지요. 놀란 가슴을 진정시키고 앞을 살펴보니 뱀이 아니라 누군가 버리고 간 벨트였어요. 이제 안도의 한숨을 내쉬며 다시 산책을 이어갑니다. 이건 산책자의 잘못이 아니에요. 벨트를 처음 봤을 때, 이 정보가 전달되는 곳이 편도체 말고도 더 있습니다. 바로 대뇌피질이죠. 그런데 편도체에서 두려움 반응이 일어나는 데

12밀리초(밀리초는 1,000분의 1초)가 걸리는 반면, 대뇌피질에서 무해하다는 판정을 내리는 데는 30~40밀리초가 걸립니다. 이미 잘못된 비상경보가 울린 다음에야 해제 조치가 내려지게 됩니다. 조금 피곤하기는 해도 진화적 측면에서는 생존에 훨씬 이롭습니다. 꼼꼼히 사실관계를 따지느라 심각한 위험을 놓치면 안 되니까요.

한편으로 편도체는 분노가 일어나는 곳이기도 합니다. '핵주먹'이라는 별명의 복서 마이크 타이슨은 1996년, 에반더 홀리필드에게 패한 후 이듬해 6월 2차전을 가졌습니다. 타이슨의 주먹에 맞지 않기 위해 홀리필드는 치고 빠지는 전략을 펼치며 끊임없이 클린치(상대의 공격을 피하기 위해 껴안는 일)와 버팅(머리로 상대 선수를 받는 반칙 행위)을 시도했지요. 상대의 노련함에 초조함과 분노, 경기에서 질 수도 있다는 두려움이 한꺼번에 폭발한 타이슨은 이성을 잃고 홀리필드의 귀를 물어뜯었습니다. 그것도 두 번이나. 귀에서 살점이 뜯겨 나간 홀리필드는 피를 흘리며 고통스러워했고, 더욱 흥분한 타이슨이 코너에 있던 홀리필드에게 달려드는 바람에 싸움을 말리려고 링 안으로 경찰들까지 올라왔어요. 이 일로 그는 2년의 선수 자격 정지와 300만 달러라는 거액의 벌금을 내야 했습니다. 심리학자 다니엘 골먼은 타이슨에게 "편도체 납치"가 일어난 거라고 설명했어요. 그가 고안한 이 용어는 과부하가 걸린 편도체가 이성의 통제를 무시하고 폭주하는 현상을 뜻합니다.

두려움은 어떤 감정이고 왜 생길까?

두려움을 느끼지 못하면
좋은 걸까?

편도체에 이상이 생기면 두려움을 느끼지 않을까요? "고양이의 치명적인 매력"이라는 이름이 붙은 흥미로운 연구가 있습니다. 1990년대, 영국 옥스퍼드 대학교에서 기생충을 연구하던 조안 웹스터는 '톡소플라즈마 곤디'라는 기생충에 감염된 쥐가 고양이를 두려워하지 않는 현상을 발견했어요.

본래 쥐는 고양이에 대해 선천적으로 두려움을 갖습니다. 그런데 톡소플라즈마는 숙주인 고양이의 몸속(내장)에 들어가기 위해 기발한 방식으로 중간숙주인 쥐를 조종합니다. 이 기생충은 뇌로 침투해 편도체와 후각 신경, 전두엽에 자리 잡아요. 보통 고양이 오줌 냄새는 쥐에게 공포를 불러일으킵니다. 하지만 톡소플라즈마가 만들어 놓은 낭종이 후각 신호에 교란을 일으키면 쥐는 더 이상 고양이 오줌 냄새를 두려워하지 않습니다. 오히려 죽음의 냄새가 매혹적인 향기로 바뀐 것처럼 끌리기까지 하지요. 그리고 기꺼이 자기 목숨을 고양이에게 내어 줍니다.

인간도 톡소플라즈마에 감염됩니다. 심지어 인류의 3분의 1이 뇌 속에 톡소플라즈마를 갖고 있다고 해요. 검사를 해 보지는 않았지만 저처럼 반려묘 넷을 키우며 매일 배설물을 치우는 집사라면 톡소플라즈마에 감염되지 않는 게 더 어려울 거예요. 하지만 크게 걱정할 필요는 없습니다. 건강한 성인의 경우 평생 별다른 증상 없이 톡소플라즈마가 잠복기 상태로 지낸다고 해요.

그렇다면 두려움 없는 사람이 되기 위해 편도체를 제거하는 게 좋을까요? 한 가지 사례를 소개할게요. "환자 S.M."으로 알려진 한 여성은 '우르바흐 비테 증후군'이라는 희귀 질환을 갖고 있었습니다. 1986년, 당시 스무 살이던 그의 뇌 사진을 본 의사들은 누군가 도려내듯 양쪽 편도체가 없다는 걸 확인했어요. 이 병은 피부와 목구멍 조직에 과도하게 쌓인 칼슘 때문에 피부 질환과 목소리 변형을 일으키고 편도체를 손상시킵니다.

2003년, 미국 아이오와 대학교의 연구진이 S.M.과 실험을 진행했습니다. 이들은 먼저 그에게 뱀과 거미를 보여 주었지요. 사실 S.M.은 어린 시절 숲에서 하이킹을 하다 새끼 뱀들이 있는 구덩이에 떨어진 적이 있었습니다. 때문에 뱀을 무척 무서워한다고 했어요. 하지만 편도체가 사라진 그는 놀랍게도 아무 거리낌 없이 뱀을 만지고 관찰했습니다. 심지어 더 크고 위험한 뱀을 잡아 보고 싶어했지요. 거미에게도 같은 반응을 보였어요.

연구진은 두 번째로 그를 '유령의 집'으로 데려갔습니다. 온갖 괴물과 유령, 살인자로 분장한 배우들이 어둠 속에서 갑자기 튀어나왔을 때 함께 있던 여성 일행들은 겁에 질려 비명을 질러 댔습니다. 하지만 그는 소리 내 웃거나 도리어 변장한 배우를 겁주기까지 했어요. 연구진은 공포의 강도를 좀 더 높였습니다. 이제 S.M.에게 공포 영화의 무서운 장면들만 골라 편집한 영상을 보여 줬어요. 마찬가지로 그는 전혀 무서움을 느끼지 못했습니다. 오히려 몇몇 장면에서는 재미있어 하며 제목을 물어보기도 했지요.

한번은 마약을 유통하는 남성이 총을 들이대며 협박한 적도 있습니다. 이전의 실험과는 비교할 수조차 없는 극도의 공포를 느낄 법한 상황에서도 그는 태연하게 남자를 지나쳐 갔습니다. 이런 S.M.의 담력이 부러운가요? 그는 두려움을 느낄 수 없으니 그것을 적절히 조절할 수도 없다는 것이 문제입니다. 한발 물러서거나 도망쳐야 하는 상황에서도 아무렇지 않다는 건 인생을 위험천만한 외줄타기로 살아가는 것과 다름없습니다.

실제로 그는 가정폭력과 여러 범죄에 피해를 입은 적도 있었습니다. 두려움을 인지하지 못했기에 낯선 사람들과 거리를 두지도 못했어요. 거절당하는 것에 대한 두려움 또한 없다 보니 거리낌 없이 상대에게 요구하는 일도 있었고요.

1990년대 정신의학자 아이작 마크스와 랜돌프 네스는 비정상적일 정도로 두려움이 없는 상태를 "두려움 결핍증"이라고 불렀습니다. 이들은 두려움 없이 사는 게 얼마나 위험한가를 도도새의 죽음에 비유했지요.

먼 옛날 도도새가 마다가스카르의 모리셔스 섬으로 날아와 정착했을 때, 그곳에는 어떤 천적도 없었습니다. 두려워할 존재가 없는 생태계 속에서 도도새는 수천 년 동안 태평하게 지내며 나는 능력을 잃어버리게 됩니다. 도도새는 키가 1미터, 몸무게는 최고 30킬로그램이 나갈 정도로 컸다고 해요. 1598년, 네덜란드 동인도회사가 모리셔스 섬에 들어왔을 때 도도새는 인간을 전혀 두려워하지 않았어요. 도도새는 정착민들의 공격에 속절없이 희생됐습니다. 그들은 자기들이 들여온 가축에게 먹이로 주려고 도도새를 사냥했어요. 게다가 사탕수수 재배를 위한 벌목 때문에 서식지를 잃었죠. 결국 도도새는 1세기 만에 모두 멸종하고 맙니다.

이처럼 때로는 극성스럽고, 때로는 거추장스럽게 느껴져도 두려움은 살아가는 데 없어서는 안 될 감정이에요. 그렇다고 해서 두려움이 우리를 마음대로 리드하도록 방임할 필요도 없습니다. 앞서 잠시 이야기했듯, 인류는 오랜 세월에 걸쳐 두려움과 현명하게 공존하는 방법을 탐구해 왔거든요.

두려움을 느끼지 못하면 좋은 걸까?

겁쟁이와 영웅의
결정적 차이

두려움은 앞으로의 일을 계획하고 대비할 수 있게 해 주는 존재입니다. 링 위에 오르는 선수가 시합을 포기하지 않는 이상 상대를 향한 두려움에 맞설 수 있는 길은 단 하나뿐이에요. 바로 철저한 준비. 실제로 무하마드 알리는 조지 포먼과의 시합을 대비해 이전보다 더 강도 높은 체력 훈련을 했습니다. 얼마나 힘들었는가는 이 한마디로 짐작할 수 있죠.

"이번 시합으로 130만 달러를 받을 테지만, 훈련을 하지 않고 지금 같은 몸 상태를 살 수만 있다면 100만 달러는 포기하고 말겠어."

《파이트》, 노먼 킹슬리 메일러 지음, 뿔, 2008, 137쪽.

아무리 많은 훈련을 받고 철저하게 전력 분석을 했다 하더라도 링 위에 올라서면 다시금 두려움이 엄습합니다. 권투를 비롯한 투기(闘技, 싸우는 기술) 종목에서는 타격이 주는 고통에 본능적 공포를 갖고 있기 때문입니다. 로마의 스토아 철학자 세네카는 "고통이 최고의 악이라고 생각하는 사람은 용기를 모른다"고 말했습니다. 프랑스의 사상가인 몽테뉴도 에세이라는 장르를 탄생시킨 그의 저서 《에세》에서 이렇게 말합니다.

'고통을 두려워하는 사람은 이미 그 두려움으로부터 고통을 느끼기 시작한다.'

링 위의 상대처럼 두려움은 인간을 연민하거나 배려하지 않습니다. 얻어맞는 고통을 두려워할수록 두려움은 더 큰 고통을 안겨 줍니다. 권투 시합에서 자신에게 달려드는 상대를 피해 뒤로 물러서는 건 위험합니다. 공격에서 벗어난 것 같지만 실은 상대가 더 때리기 좋은 거리를 만들어준 셈이니까요. 뒷걸음치는 상대를 그냥 두는 경우는 없습니다. 자신을 보호하는 가장 좋은 방법은 가드를 올리고 상대의 공격 안으로 파고드는 것이에요.

만약 고통이 두려움의 원인이라면, 통증이 마음가짐에 따라 달라진다는 사실을 말씀드리고 싶어요. 저도 몇 년 전 권투를 배우며 생활체육대회를 준비했던 적이 있습니다. 비록 동호인 수준이지만 당시에는 열정에 불타올라 스스로를 마치 승리에 굶주린 프로 선수처럼 생각했어요. 석 달 동안 매일 새벽 웨이트트레이닝을 한 후 저녁에 권투 체육관으로 갔어요. 프로를 준비하거나 시합 경력이 있는 관원들이 저를 위해 스파링 상대가 되어 주었습니다. 그런데 연습을 거듭할수록 점점 자신감이 줄어들었어요. 미미하게나마 체력과 기술은 조금씩 향상되는 게 보였지만, 맞는 걸 무서워하는 문제가 전혀 개선되지 않았으니까요. 스파링 때 얻어맞은 기억들이 차곡차곡 공포라는 마일리지로 적립된 것 같았습니다.

권투 시합에서 이기는 방법은 아주 간단합니다. 덜 맞고 더 많이 때리기. 그러기 위해서는 상대의 움직임을 끝까지 봐야 함에도 주먹이 날아오면 저도 모르게 눈을 질끈 감고는 했어요. 보통 스파링에서는 헤드기어를 착용하고 두꺼운 16온스 글러브를 사용하므로 (프로 선수들은 8~10온스를 사용) 부상 위험이 거의 없습니다. 물론 맞을 때 아픔이 없는 건 아니지만, 두려움을 일으키는 방아쇠여서는 안 될 일이었죠. 겁을 먹고 몸에 힘이 들어가면서 체력은 더 빨리 떨어졌습니다. 그렇게 몸이 둔해지고 가드가 내려갈수록 쉽게 공격을 허용했어요.

당연히 제가 공격할 수 있는 기회도 줄어들었습니다. 노래 가사처럼 상대가 한 발 다가오면 저는 두 발 도망가는 식이었지요. 미국의 철학자 고든 마리노는 전직 아마추어 권투 선수이자 코치로도 활동한 독특한 이력을 갖고 있습니다. 그는 권투를 배울 때 가장 습득하기 어려운 기술 중 하나가 '포켓 존'에 머무는 것이라고 말해요. 포켓은 상대에게 공격할 수 있는 유효 거리를 의미합니다. 상대가 주먹을 날리면 본능적으로 뒤로 물러서면서 주먹을 피하게 되지만, 그로 인해 반격의 기회를 놓칩니다. 때문에 그는 방어하는 선수의 뒤에 서서 포켓 존에서 벗어나지 못하게 지도합니다. 그럼에도 선수가 겁을 먹고 물러서면 매섭게 꾸짖었다고 해요.

내게 맞는 거리를 확보하려면 앞 손, 잽을 잘 사용하는 것이 중요합니다. 잽은 스트레이트보다 약하지만 거리 조절은 물론 상대를 견제하는 데 필수지요. 또 '잔매에 장사 없다'는 말처럼 잽이 적중될수록 상대는 더 위축되고 빈틈을 보입니다. 잽은 경기의 흐름을 주도할 수 있는 효과적인 공격이에요. 하지만 잽을 잘 사용하는 건 생각만큼 쉽지 않습니다. 자칫 상대에게 카운터펀치를 맞을 수도 있다는 두려움 때문이지요.

아리스토텔레스는 **"용기란 고통을 참고 견디는 힘"**이라고 했습니다. 때문에 겁쟁이는 자신감이 부족하기도 하지만 고통에 너무 민감하게 반응해서 나약한 모습을 드러낸다고요. 그때 저는 인생까지는 아니어도 권투에 있어서만큼 아리스토텔레스에게 "거봐라, 이 녀석아!"라며 꾸지람을 듣는 기분이었지요.

이 문제를 잘 알고 끊임없이 지적하던 관장이 어느 날 저에게 한마디 던졌습니다.

"나는 말이야, 턱을 맞으면 시원하게 느껴질 때가 있어."

순간 제 머릿속은 복잡해졌습니다. '뭔 소리지. 나는 맞을 때마다

겁쟁이와 영웅의 결정적 차이

아프기만 한데. 혹시 맞는 걸 좋아하는 변태? 다른 체육관으로 옮겨야 하나…?' 혼란스러운 와중에도 저는 꽤 긴 시간 그 말의 뜻을 이해해 보려고 애썼습니다. 결국 한참 시간이 흘러서야 알게 됐습니다. 통증은 객관적 정보가 아니라 주관적 해석이라는 것을요.

본래 고통의 목적은 두려움과 마찬가지로 우리 몸을 보호하는 데 있습니다. 누구라도 식지 않은 다리미 열판에 손이 닿으면 그 즉시 깜짝 놀라며 황급히 손을 뺄 거예요. 이 경우에는 데이더라도 화상을 최소화할 수 있지요. 그런데 만약 아무런 고통을 느끼지 못한다면…, 살이 타는 냄새를 맡을 때쯤에서야 반응한다면 피부조직은 심각한 손상을 입게 되겠지요.

과거에는 통증이 발생하는 메커니즘을 잘못 해석했습니다. 예컨대 17세기에 철학자 데카르트는 손가락에 망치를 맞으면 손에서 뇌까지 통증 신호를 전달해 '종'이 울린다는 비유를 들었어요. 즉 상처와 고통의 정도가 비례한다는 것이죠. 그런데 전쟁에서 팔이나 다리를 잃은 상이용사 중 일부는 이미 잘려 나간 부위에서 통증을 느끼는 환상지 통증을 겪습니다. 미국 남북전쟁 당시에는 통증이 주관적인 감각이라고 결론 내리지요. 1965년, 영국의 신경과학자 패트릭 월과 캐나다의 심리학자 로널드 멜작은 통증의 관문 통제 이론을 제시합니다. 충격을 받은 부위에서 보내는 통증 신호가 뇌에 도달하려면 척수의 관문을 지나야 해요. 이때 뇌는 위험의 정도를 보고 통과시킬지 차단할지를 결정하지요. 그리고 최근 과학계는 통증의 관문이 작동하는 게 아니라 '뇌가 통증을 만든다'는 사실을 알아냈습니다.

뇌는 같은 통증이라도 상황에 따라 긍정적으로 받아들입니다. 예를 들어 캡사이신이 들어간 매운 짬뽕을 먹을 때, 어깨나 발을 세게 주무를 때, 뜨거운 욕탕에 들어갈 때 '시원하다'고 느낍니다. 뇌가 이런 자극을 위험하지 않다고 인식하기 때문입니다. 매운 음식이나 안마, 뜨거운 물은 대부분 어릴 때는 싫어하지만 자라면서 고통보다는 쾌감을 준다는 것을 학습합니다. 이런 자극을 추구하는 이유는 스트레스와 피로가 풀리는 '보상' 때문이에요. 고통을 주는 자극은 위협이나 공포와 만나면 참기 힘든 느낌이 되고, 안전이나 보상을 주는 상황에서는 기분 좋은 느낌이 됩니다. 만약 똑같은 고통이라도 성장에 도움을 준다는 의미가 전달되면 견딜 만한 가치가 생길 뿐 아니라 즐길 수도 있는 겁니다.

로마의 스토아 철학자 에픽테토스는 이런 말을 남겼어요.

"우리를 괴롭게 하는 건 어떤 것 자체가 아니라 그에 대한 생각이다. 죽음은 두려운 게 아니다. (…) 죽음이 두렵다는 생각이 두려운 것이다. 그러니 장애에 부딪히거나 슬프고 고통스러운 일을 당하더라도 다른 사람을 탓하지 말고 자신의 생각을 탓해야 한다."

겁쟁이와 영웅의 결정적 차이

투기 종목 선수들만 두려움을 느끼는 건 아니에요. 존재 자체로 메이저리그의 역사나 다름없던 스포츠 기자 레너드 코페트가 쓴 《야구란 무엇인가》(황금가지, 2009)는 무서움에 대한 이야기로 시작합니다. 야구를 좋아하는 분들은 잘 알 거예요. 타자들이 가장 두려워하는 게 바로 사구, 몸에 맞는 공입니다. 시속 140킬로미터 안팎의 미사일 같은 강속구가 자기 몸을 향해 날아오거나 그렇게 보일 때, 타자는 본능적으로 피하려고 합니다. 야구공의 무게는 140그램 정도에 불과하지만 파괴력은 엄청납니다. 맞으면 실밥 자국이 고스란히 찍히는 건 약과고, 살갗이 벗겨지거나 뼈가 부러지고 장기가 손상될 정도니까요. 하지만 공을 제대로 맞히려면 뒤로 물러서지 말고 굳게 버텨야 합니다. 레너드 코페트는 '타자는 매 순간 최선으로 공을 치려는 욕망과 피하려는 본능의 억제 사이에서 싸운다'고 말합니다.

그런데 사구로 인해 부상을 겪은 선수들은 트라우마를 쉽게 떨쳐 내지 못해 슬럼프에 빠지고는 합니다. 앞서 두려움 반응이 편도체와 대뇌로 전달되는 속도 차이에 대해 이야기했습니다. 마찬가지로 강속구가 날아올 때 타자의 머릿속에서는 공에 대한 부상 기억을 저장해 둔 편도체가 먼저 반응해요. 사실상 타자는 공의 초기 궤적만 보고 방망이를 움직여야 하는데, 이는 쉽지 않습니다. 시속 150킬로미터로 던진 공이 홈플레이트에 도착하기까지 걸리는 시간은 0.4초. 공이 타자의 시각에 들어와 대뇌로 전달된 신호를 해석하고 나서 스윙을 하려면 시간이 모자랍니다. 이성적으로 절대 두

려워하지 않으리라 마음먹고 타석에 들어서지만 본능적으로 움츠
러들 수밖에 없습니다.

아이러니하게도 투수 역시 타자들이 공에 맞는 걸 두려워합니다.
몸 쪽으로 바짝 붙은 위협구를 던진 이후에 바깥쪽을 공략하면 타
자의 밸런스를 무너뜨릴 수 있지만, 이 역
시 쉬운 일은 아니지요. 혹여 제구
가 잘 되지 않아 공이 가운데로 몰
리면 장타를 허용할 수 있으니까요.
더구나 관중석에서 쏟아지는 야유 또한
상당한 부담이 됩니다. 고의적인 경우
도 간혹 있지만, 일부러 타자를 맞힐 수
있는 투수는 백 명 중 한 명 정도에 불과
하다고 해요. 심지어 감독의 사인을 받고도
마음이 약해 차마 위협구를 던지지 못하는 투수
도 있습니다. 오죽하면 메이저리그에 "가족을 생
각하면 몸 쪽 공을 던지고, 친구를 생각하면 바
깥쪽 공을 던져라"라는 격언이 있을까요.
그럼 타자들이 몸 쪽 공에 대한 두려움을
극복하려면 어떻게 해야 할까요. 안타깝지만
별 뾰족한 수가 없다고 합니다. 몇몇 기술적인 방
법은 있지만 그조차 먼저 두려움을 극

복하지 못하면 쓸모가 없다고 해요. 몸 쪽 승부에서 좋은 성적을 거둔 선수들은 대부분 비슷한 말을 합니다.

"나도 두렵다. 하지만 타석에서 좋은 결과를 내는 게 더 중요하다."

가장 중요한 건 선수 자신의 의지입니다. 공에 맞는 고통보다 출루하는 기쁨이 더 크다고 말하는 타자도 있습니다.

앞서 마이크 타이슨의 어처구니없는 해프닝을 언급했지만, 그는 1986년 트레버 버빅을 누르고 WBC 헤비급 타이틀을 획득하며 스무 살의 나이로 역대 최연소 챔피언이 됐습니다. 이어서 1년 만에 WBA와 IBF 통합 챔피언에 올랐으며, 데뷔 후 37연승 19연속 KO라는 대기록을 세운 천재 복서입니다. 미국 뉴욕의 슬럼가 브라운스빌에서 나고 자란 그는 온갖 범죄를 저지르며 암울한 청소년기를 보냈어요. 그런 타이슨에게 엄격한 스승이자 자상한 아버지가 되어준 이가 바로 커스 다마토입니다. 커스는 타이슨의 가능성을 알아보고 그에게 권투의 모든 것을 가르치며 최고의 선수로 키워 냈어요. 하지만 핵주먹을 자랑하는 타이슨도 시합 전에는 질지도 모른다는 두려움에 빠지고는 했답니다. 커스 다마토는 그런 타이슨이 두려움을 능숙하게 다룰 수 있도록 조언해 주었습니다.

"나는 선수들에게 영웅과 겁쟁이의 차이에 대해 들려준다. (…) 무엇을 하느냐가 다를 뿐 둘 다 같은 감정을 느낀다. (…) 겁쟁이는 자신이 직면해야 할 것과 마주하기를 거부한다. 영웅은 좀 더

절제돼 있고 그러한 감정과 싸우며 자신이 해야만 하는 일을 한다. (…) 사람들은 당신이 어떻게 느끼는가가 아닌 무엇을 하는가를 보고 당신을 판단한다."

"두려움은 가장 큰 적이자 가까운 친구이다. 마치 불과 같다. 그것을 통제할 때는 많은 것을 주지만 그러지 못한다면 너와 네 주변의 모든 걸 파괴할 것이다."

"링에 오른 선수가 두려움을 경험하지 못했다면 거짓말쟁이거나 사이코패스다."

미국의 스포츠 심리학자 짐 아프레모는 《챔피언의 마인드》(갤리온, 2021)에서 운동선수를 두 부류로 나눕니다. 승리를 위해 경기하는 선수와 지지 않기 위해 경기하는 선수. 그 말이 그 말 같나요? 하지만 둘 사이에는 큰 차이가 있습니다. 이기기 위한 경기는 자신감을 바탕으로 하지만, 지지 않으려는 경기는 두려움이 기반이에요. 그래서 전자는 놀이하듯 시합 자체를 즐길 수 있는 여유를 갖지만, 후자는 실수에 초점이 맞춰져 있어 초조함에 사로잡히지요. 스포츠에서는 두 부류의 플레이를 이렇게 표현하고는 합니다.

- 클러치(Clutch)
- 초킹(Choking)

겁쟁이와 영웅의 결정적 차이

클러치란, 위기 또는 결정적인 상황에서 선수가 역전이나 승리를 이끄는 것을 의미합니다. 그래서 클러치 플레이어들은 극도의 긴장 속에서도 '특별한' 능력을 발휘하는 선수라며 찬사를 받습니다. 반면 초킹은 중요한 순간에 제 실력을 발휘하지 못하거나, 실수를 범해 좋은 기회를 놓치는 현상을 뜻해요. 때문에 초커는 압박감이나 두려움에 스스로 무너져 경기를 망친 선수로 낙인찍히기 일쑤입니다.

초킹 상황은 왜 일어나는 걸까요? 대부분의 선수들은 하나의 동작과 기술을 수천수만 번 반복하면서 자신의 것으로 만듭니다. 의식하지 않고도 몸이 먼저 반응하게요. 그런데 공포와 불안은 여기에 균열을 일으켜요. '슛이 안 들어가면 어떡하지?' '여기서 볼넷을 주면 안 되는데….' 실수하지 않으려고 의식하면 할수록, 실수가 나올 확률은 더 높아집니다. 심리학에서는 특정한 생각을 하지 않으려고 노력하는 것을 '사고 억제'라고 하는데, 이는 오히려 그것을 더 생각나게 만드는 '반동 효과'를 가져옵니다.

1987년, 심리학자 대니얼 웨그너가 진행한 이른바 '흰곰 실험'이라는 유명한 연구가 있어요. 그가 피험자들에게 5분 동안 흰곰에 대해 생각하지 말라고 한 다음 흰곰이 생각날 때마다 벨을 울리라고 하자, 사람들은 끊임없이 벨을 눌러 댔습니다. 초킹이란, 자기가 낳은 두려움에 계속 먹이를 주는 거라고 할 수 있어요.

사실 대부분의 전문가들은 클러치 능력이라는 건 존재하지 않는다고 말합니다. 어느 종목이든 클러치 선수들이 위기에서 자기 한계를 뛰어넘는 능력을 발휘하는 건 아니라는 의미예요. 다시 말해 클러치 플레이란 최악의 상황 속에서도 평정심을 유지하며 여느 때와 '똑같은' 기량을 펼치는 겁니다.

클러치 선수와 초커의 유일한 차이는 두려움을 대하는 방식이에요. 짐 아프레모는 두려움 없이 경기를 하려고 노력하지 말고, 자신 있게 경기하는 데 집중해야 한다고 조언합니다. 그리고 자신을 압박하는 이 상황을 성공의 기회로 여기라고 말하지요.

실제로 스포츠 심리학자들은 클러치 선수들에게서 공통적인 특징을 발견합니다. 첫째, 자기 능력을 넘어설 만큼의 과도한 자신감이에요. 다소 거만해 보일지 몰라도 충만한 자신감은 부정적인 감정에서 지켜 주고, 주어진 과제에 집중할 수 있게 해 줍니다. 둘째, 중압감을 이기는 자신감은 위기를 도전으로 받아들입니다.

겁쟁이와 영웅의 결정적 차이

실패와 거절은
무엇을 남길까?

두려움은 때때로 다른 감정의 가면을 쓰고 나타나 정체를 숨길 때도 있습니다. 예를 들어 질투 속에는 사랑받지 못할 것이라는 두려움이, 완벽주의에는 실패할지도 모른다는 두려움이 숨어 있는 것처럼요.

실패나 거절을 두려워할 필요는 없습니다. 그 자체가 우리에게 가르침을 주기 때문입니다. 《거절당하기 연습》(한빛비즈, 2017)이라는 책을 쓴 지아 장의 이야기를 소개할게요. 중국 베이징 출신인 그는 서른 살이던 2012년에 고액 연봉을 받던 직장에 사표를 던졌습니다. 차기 빌게이츠가 되겠던 어린 시절의 꿈을 이루기 위해 앱

개발 사업에 뛰어든 겁니다. 사업 아이템은 게이미피케이션을 통해 약속을 잘 지키도록 도와주는 앱이었습니다. 스타트업을 창업한 그는 4개월 만에 자금이 바닥을 보이자 아이템에 관심을 보이던 투자자에게 홍보 메일을 보냅니다. 걱정 반 기대 반 속에서 며칠을 마음 졸이며 회신을 기다렸지만, 결과는 실망스러웠지요. 투자자의 메일에는 "아니오"라는 짧은 거절 답변이 전부였거든요.

이때부터 지아 장의 모든 게 달라집니다. 일에 대한 열정이 식고 자신의 아이디어에 회의를 품습니다. 이제 그는 거절이 두려웠습니다. 그러나 도전을 이어가려면 두려움을 극복하고, 거절을 당해도 목표를 향해 나아갈 수 있는 방법을 배워야 했어요. 고심 끝에 그는 '100번 거절당하기' 프로젝트에 들어갑니다. 하루에 한 가지씩, 100번 정도 거절당하고 나면 거절에 익숙해질 거라고 생각한 겁니다.

모르는 사람에게 100달러 빌리기(예상대로 단박에 거절)를 시작으로, 페덱스 직원에게 택배를 산타클로스에게 보내 달라고 부탁하기, 애견 미용실에서 자기 머리카락을 다듬어 달라고 말하기 등. 기발한 거절 미션을 보노라면 처음에는 안쓰럽다가도 어느새 기분이 유쾌해집니다. 계획대로 그는 대부분 성공적(!)으로 거절당합니다.

반면 그의 부탁을 들어주는 일도 있었습니다. 그가 크리스피 도넛 가게에 들어가 오륜기 모양의 도넛을 만들어 줄 수 있냐고 묻자, '재키'라는 점원은 흔쾌히 올림픽 도넛을 완성해서 그에게 내밀었어요. 심지어 돈을 받지도 않았습니다. 또 하루는 일면식도 없는 사람의 집에 찾아가 당신의 집 뒷마당에서 축구를 하게 해 달라고 부

실패와 거절은 무엇을 남길까?

탁했습니다. '스콧'이라는 중년 남성은 가벼운 미소와 함께 그러라고 대답하며 함께 축구를 해 주기까지 했습니다. 예상 못 한 성공에 어안이 벙벙해진 그가 집을 나오기 전 이유를 묻자 스콧은 "글쎄요, 그렇게 이상한 부탁을 어떻게 거절할 수 있나요"라고 대답합니다. 지아 장은 사우스웨스트 항공 여객기에서 자신이 비상 시 대처법에 대한 안내 방송을 할 수 있게 해 달라고 부탁하기도 합니다. 이에 승무원은 규정상의 이유로 안내 방송 대신 환영 인사를 제안합니다. 그의 재치 있는 멘트에 모든 승객들은 박수로 화답했어요.

100번 거절당하기 프로젝트를 통해 지아 장은 거절의 두려움을 극복하는 데 성공합니다. 그리고 이 과정에서 중요한 사실을 깨닫는데, 간단히 정리하면 이렇습니다.

① **거절은 하나의 의견일 뿐, 객관적 진실은 아니다.** 몇 번의 거절이 그 사람의 가치를 정할 수는 없다. 대상과 상황에 따라 결과는 달라진다.

② **거절에는 횟수가 있다.** 충분히 많은 사람들을 만나다 보면 거절은 승낙으로 바뀔 수 있다.

③ **거절 속에는 다음번 성공에 대한 정보가 담겨 있다.** 우리는 '아니오'라는 말 한마디에 상처받지만, 정작 그 말 속에 숨은 이유가 무엇인지 모르는 경우가 많다. 한 번 더 용기를 내 이유를 묻자. 상대는 절충안을 제시하거나 적합한 다른 사람을 소개시켜 주는 등 문제 해결의 실마리가 생길지도 모른다.

지아 장은 거절이 두려워했던 것보다 훨씬 덜 고통스럽다는 것도 알았습니다. 이렇게 그는 거절당하는 걸 피하지 않고, 거절을 좇아 다니는 사람으로 거듭났습니다.

당장 거절을 경험하는 게 부담된다면, 자기 자신의 힘을 믿어 보는 건 어떨까요. 기억하지 못할 테지만 우리 모두는 이미 셀 수 없이 많은 실패를 딛고 일어선 경험을 갖고 있답니다. 바로 걸음마를 배웠을 때지요. 미국의 심리·과학 작가 톰 밴더빌트가《일단 해보기의 기술》(청림출판, 2021)에서 영유아 발달심리학으로 잘 알려진 뉴욕 대학교 캐런 아돌프 박사의 연구실을 찾아간 이야기를 소개할게요. 이곳에서 유아행동실험실의 연구원들은 이제 막 걸음마를 시작할 즈음의 아기들이 어떻게 움직이는가를 연구하고 있었습니다.

이 시기의 아기들은 학습에 있어서 브레이크가 없는 듯 행동해요. 걸음마를 배우는 아기는 한 시간에 평균 열일곱 번 넘어지는데, 일어서서 균형을 잡는 것조차 서툰 경우 서른 번까지도 넘어집니다. 다행히 아기의 부드러운 근육과 통통한 살은 넘어질 때 받는 충격을 줄이는 데 최적화돼 있습니다. 그렇다고 해도 고난도의 기술을 연마해야 하는 운동선수나 장인이 아니라면 웬만한 어른들은 이 정도 실패를 감수하면서까지 새로운 무언가를 배우지 않을 거예요. 그렇다면 아기들은 왜 끊임없는 넘어짐에도 아랑곳없이 걷기에 도전하는 걸까요?

그 전에 잠시 다른 예를 들어 볼게요. 인간은 네 발로 기다가 두 발로 일어설 때와 유사한 학습 경험을 해 본 적이 있습니다. 바로 자

실패와 거절은 무엇을 남길까?

전거 타는 법을 배울 때입니다. 지면에서 뗀 두 발로 페달을 밟고 핸들로는 방향과 중심을 잡기란 생각보다 어렵습니다. 때문에 어린이용 자전거에는 보조 바퀴가 있습니다. 그런데 보조 바퀴는 안정적일지는 몰라도 정작 제대로 된 자전거를 타는 데 필요한 균형 감각이나 기술을 익히는 데 별 도움이 안 돼요. 자전거를 잘 타려면 실수를 통해 배워야만 합니다. 그러면서도 다칠 위험은 없어야겠지요.

걸음마 역시 마찬가지예요. 아기들은 넘어지고 또 넘어지는 경험을 통해 어떻게 해야만 넘어지지 않는지를 깨닫습니다. 혹시 주변에 어린 조카가 있다면 유심히 보세요. 수없이 넘어져도 아기들은 넘어짐이라는 실패에 대한 두려움을 모릅니다. 움직임 자체를 즐기고, 새로운 세계를 향한 호기심으로 충만한 아기에게는 어두운 감정이 들어설 틈이 없으니까요. 두 발로 우뚝 일어서서 걷기 시작한 아기는 이제 더 많은 곳을 갈 수 있습니다. 자유로운 두 손과 넓은 시야 덕분에 더 많은 자유를 얻었어요. 새로운 세상이 열린 겁니다.

실패는 과정에 불과해요. 두려움이 엄습해 올 때마다 걸음마를 배우던 시절을 상상해 보기 바랍니다. 기억하세요. 용기를 지닌 채로 태어난 우리 모두는 인생의 첫 해에 자기 세계를 넓혀 나가 본 경험을 갖고 있습니다. 그저 자라는 동안 그 능력이 봉인됐을 뿐이지요.

두려움을
받아들이는 용기

공포와 불안, 고통, 실패와 거절…. 두려움의 여러 측면을 알아갈수록 용기에 대해 정의하기가 더 어렵게 느껴집니다. 이런 고민은 아주 오래전부터 있었어요. 플라톤이 쓴 《라케스》를 한번 볼까요. 여기에서 소크라테스는 아테네의 유명한 장군인 라케스와 니키아스와 '용기란 무엇인가'를 주제로 이야기를 나눕니다. 먼저 라케스가 용기를 정의 내립니다.

"누군가 자기 위치를 사수하며 적에 맞서 물러서지 않는다면, 그는 용감할 사람입니다."

그런데 도망치거나 혹은 그런 척하다가 적의 진영이 흐트러지면 되돌아와 승리를 거두는 경우도 있지 않나요? 작전상 후퇴나 2보 전진을 위한 1보 후퇴 같은 말도 있으니까요. 더구나 소크라테스가 말하는 용기는 전장에서 싸우는 군인들에게만 해당하는 게 아닙니다. 불에 맞서 싸우는 소방관, 비리나 검은 유혹은 물론 반대 의견을 가진 사람들과도 상대해야 하는 정치인 등 모든 상황에 적용할 수 있는 용기에 대해 묻고 있지요. 불길이 걷잡을 수 없이 번지는데도 위치를 사수하고, 소통과 협치를 거부하며 자기주장만 고집하는 걸 용기로 인정할 수는 없잖아요. 그러자 라케스는 용기의 정의를 수정합니다.

> **"그런 모든 상황에서 발휘되는 마음을 말한다면, 나는 '영혼의 인내'라고 생각합니다."**

맞는 말입니다. 그런데 모든 인내가 다 박수 받는 건 아니지요. 가령 통증이 심한데도 치료를 거부하고 견디는 사람을 용기 있다고 봐야 할까요? 치과에서 이를 뽑을 때 마취를 거부하는 사람은 어떤 가요? 우리가 흔히 '미련하다'고 말하는 이런 태도를 소크라테스는 어리석은 인내라고 구분합니다. 심지어 라케스는 자기 입장을 견지하려다 낭패에 빠집니다. 전쟁터에서 지원군을 불러 수적 우위를 확보하고 적보다 유리한 위치를 찾아 이동하는 대신 상대 진영에서 버티는 군인이 더 용감하다고 말한 겁니다. 결국 그는 자신의 주장에 모순이 있음을 선선히 인정합니다. 이제 니키아스의 정의를 들어 봅시다.

"어떤 사람이 용감하다면, 그는 지혜롭다는 뜻이기도 합니다. 그의 지혜는 두려워해야 할 것과 대담하게 행할 수 있는 것을 구분하지요."

라케스의 모순을 의식한 답변 같군요. 그의 태도에 감정이 상한 라케스는 소크라테스와 함께 반론을 내놓습니다. 그렇다면 질병에 대해 그런 식의 지식을 가진 의사는 용감하다고 불러야 하는 건가요? 달리 보면 동물들은 본능적으로 두 가지를 구별할 수 있는데, 이걸 지혜롭다고 불러도 될까요? 용기가 미래에 다가올 위험에 대비하는 지혜를 말하는 것이라면 종교인이나 예언자 역시 용기 있다고 말할 수 있을까요?

훗날 플라톤은《국가》에서 용기가 심장에 자리 잡고 있다고 비유합니다. 머리가 아닌 '가슴이 시키는 일'이라는 말도 흔히 쓰이고는 합니다. 우리의 경험에 비춰 볼 때 라케스가 말하는 용기가 모순이 있어 보여도 니키아스의 주장보다는 좀 더 설득력이 있습니다.

시인 로버트 프로스트는 "용기의 근원은 심장이며, 용기는 위대하다. 하지만 두려움의 근원은 영혼이다"라고 했습니다. 그런데 용기와 지식이 전혀 무관한 것도 아닙니다. 예컨대 특수부대 요원들은 다양한 무기 사용법과 전략 전술, 생존법 같은 지식을 습득하기

두려움을 받아들이는 용기

에 동료를 구하고 위기 상황을 돌파할 수 있습니다. 독자들의 기대에도 불구하고 소크라테스는 허탈한 결론을 내립니다.

"우리는 용기가 무엇인지 찾아내지 못했습니다."

용기를 한 문장으로 정의하기란 쉽지 않은 일입니다. 하지만 용기를 발휘하려면 상황에 맞춰 라케스와 니키아스의 용기 두 가지 모두 필요하다는 것쯤은 알 수 있어요. 용기가 인내와 지식을 겸비한 것이라면 다음의 경우는 어떤가요? 무장 강도가 은행을 털다 출동한 경찰에게 포위됐습니다. 이들은 철저히 계획을 세운 덕분에 은행 경비 시스템과 주변 지리를 꿰뚫고 있지요. 그래서 자수하는 대신, 인질을 붙잡고 저항하며 땅을 파 탈출로를 만들기로 한다면 이 또한 용기 있는 행동으로 봐야 할까요?

아리스토텔레스는 모든 두려움이 다 나쁜 게 아니라고 말합니다. 예를 들어 가난과 질병, 외로움, 죽음에 대한 두려움은 극복해야 할 대상이지요. 반면 악행이나 범죄를 저지른 대가로 얻는 불명예는 마땅히 두려워해야 해요. 무장 강도들이 보여 준 것은 용기가 아니라 '수치'겠지요. 떳떳하지 못한 행동이니까요. 아리스토텔레스는 진정한 용기에 대한 기준을 고귀한 '목적'에 두고 있습니다. 그는 온갖 욕구를 참아 가며 훈련하고, 상대의 펀치를 견디는 권투 선수를 예로 듭니다. 이 모습이 용기 있는 이유는, 승리라는 고귀한 목적 때문이라고 말해요. 소방관이 생명을 구하기 위해 불길 속으로 뛰어드는 용기에 찬사를 보내는 이유 또한 마찬가지겠지요.

영화 〈다크 나이트 라이즈〉에서 '배트맨' 브루스 웨인은 빌런 '베인'과의 대결에서 패배해 심각한 부상을 입고 땅속 깊숙이 자리한 지하 감옥에 갇힙니다. 고담 시의 수호자가 지옥이라고 불리는 곳에 유폐된 사이, 베인은 마음껏 도시를 파괴하고 있었지요. 웨인은 체력 훈련을 하며 감옥에서 빠져나갈 힘을 기르기 시작해요. 그 모습을 본 한 노년의 눈먼 죄수가 힘만 키워서는 성공할 수 없다고 말합니다.

"정신력이 더 중요해. 영혼의 힘이지."

웨인은 그의 말을 귀담아듣지 않았어요. 그는 허리에 밧줄을 감고 수직의 벽을 오르지만, 위에서 떨어져 나온 돌에 맞아 추락하고 맙니다. 실패. 다행히 밧줄 덕분에 목숨은 건졌지만 중상을 입습니다. 그에게 죄수가 다시 말을 건넵니다.

"자네는 죽음을 두려워하지 않는군. 그래서 강해지는 줄 알지만 오히려 약해질 뿐이야."

이유를 묻는 웨인에게 죄수가 대답합니다.

"누구보다도 빨리 움직이고 누구보다도 오래 싸우는 게 무엇 때문에 가능하다고 생각하나? 죽음에 대한 두려움이지."

웨인이 감옥에 갇힌 이유는, 베인이 보기에 그가 죽음을 두려워하지 않는다고 여겼기 때문이에요. 웨인은 자신도 죽음이 두렵다고 말합니다. 하지만 죽음 그 자체를 두려워하는 것은 아니었지요.

　　　　　　　　　　　　　　　두려움을 받아들이는 용기

"도시를 구할 사람도 없는데, 도시가 잿더미가 될 동안 여기서 죽을까 봐 두려워요."

그러자 죄수가 말합니다.

"밧줄 없이 뛰어. 그러면 죽음에 대한 두려움이 힘을 줄 거야."

웨인은 밧줄 없이 벽을 오릅니다. 만약 실패한다면 세 번째 도전은 없겠지요. 그는 신중하게 암벽을 오릅니다. 그리고 마침내 출구 바로 아래 돌출부에 몸을 날리며 탈출에 성공해요.

여기서 웨인은 자신의 생물학적 죽음보다, 배트맨으로서 고담 시를 구할 기회를 잃는 것을 더 두려워합니다. 그의 용기는 정의라는 고귀한 목적을 갖고 있습니다. 무엇보다 그는 두려움을 있는 그대로 받아들입니다. 그리고 밧줄에 의지하지 않을 때 자신이 무엇을 통제할 수 있고 없는지를 냉철하게 깨달았어요. 덕분에 자기 능력에 대한 신뢰가 분명해졌습니다.

사람은 살아가는 동안 결코 두려움의 손아귀에서 벗어날 수 없습니다. 만약 삶의 모든 지점이 성공으로만 이어진다면 용기도 필요 없겠지요. 용기란 자신의 나약하고 불확실한 부분을 찾아내 그것을 일깨워 가겠다는 다짐이에요. 그렇게 우리는 현재에 머무르지 않고, 조금씩 앞으로 나아갈 수 있을 거예요.

참고 자료

《10대의 뇌》, 프랜시스 젠슨·에이미 엘리스 넛 지음, 김성훈 옮김, 웅진지식하우스, 2019.

《F1의 모든 것》, 강재형·김재호 지음, 다우, 2011.

《감각의 박물학》, 다이앤 애커먼 지음, 백영미 옮김, 작가정신, 2004.

《게임의 재발견》, 피트 에첼스 지음, 하인해 옮김, 비잉, 2023.

《게임이 세상을 바꾸는 방법》, 제인 맥고니걸 지음, 김고명 옮김, 알에이치코리아, 2023.

《게임하는 뇌》, 이경민 등저, 몽스북, 2022.

《고통의 비밀》, 몬티 라이먼 지음, 박선영 옮김, 상상스퀘어, 2022.

《공감의 시대》, 프란스 드 발 지음, 최재천·안재하 옮김, 김영사, 2017.

《공포와 광기에 관한 사전》, 케이트 서머스케일 지음, 김민수 옮김, 한겨레출판, 2023.

《그릿》, 앤절라 더크워스 지음, 김미정 옮김, 비즈니스북스, 2016.

《나는 자폐 아들을 둔 뇌과학자입니다》, 로렌츠 바그너 지음, 김태욱 옮김, 김영사, 2020.

《너브》, 테일러 클락 지음, 문희경 옮김, 한국경제신문사, 2013.

《논다는 건 뭘까?》, 김용택 지음, 미세기, 2016.

《놀이, 즐거움의 발견》, 스튜어트 브라운 지음, 윤철희 옮김, 연암서가, 2021.

《놀이와 인간》, 로제 카이와 지음, 이상률 옮김, 문예출판사, 1994.

《놀이하는 인간》, 노르베르트 볼츠 지음, 윤종석·나유신·이진 옮김, 문예출판사, 2017.

《뇌는 달리고 싶다》, 안데르스 한센 지음, 김성훈 옮김, 반니, 2019.

《뉴필로소퍼》 22호, 뉴필로소퍼 편집부, 바다출판사, 2023.

《니코마코스 윤리학》, 아리스토텔레스 지음, 천병희 옮김, 숲, 2013.

《당신은 지루함이 필요하다》, 마크 A. 호킨스 지음, 서지민 옮김, 틈새책방, 2018.

《두려움에 대하여》, 에바 홀랜드 지음, 강순이 옮김, 홍시커뮤니케이션, 2021.

《디지털 게임, 게이머, 게임문화》, 전경란 지음, 커뮤니케이션북스, 2009.

《라케스》, 플라톤 지음, 한경자 옮김, 아카넷, 2020.

《룰 북》, 요스트 판 드뢰넌 지음, 김석현 옮김, 북스톤, 2022.

《리추얼의 종말》, 한병철 지음, 전대호 옮김, 김영사, 2021.

《리추얼의 힘》, 캐스퍼 터 카일 지음, 박선령 옮김, 마인드빌딩, 2021.

《멈추지 못하는 사람들》, 애덤 알터 지음, 홍지수 옮김, 부키, 2019.

《몰입의 즐거움》, 미하이 칙센트미하이 지음, 이희재 옮김, 해냄, 2005.

《불온한 철학사전》, 볼테르 지음, 사이에 옮김, 민음사, 2015.

《사회적 뇌》, 매튜 D. 리버먼 지음, 최호영 옮김, 시공사, 2015.

《수사학/시학》, 아리스토텔레스 지음, 천병희 옮김, 숲, 2017.

《시학》, 아리스토텔레스 지음, 천병희 옮김, 문예출판사, 2002.

《아이들의 화면 속에선 무슨 일이 벌어지고 있는가》, 김지윤 지음, 사이드웨이, 2024.

《언택트 교육의 미래》, 저스틴 라이시 지음, 안기순 옮김, 문예출판사, 2021.

《에세 3》, 미셸 드 몽테뉴 지음, 최권행 옮김, 민음사, 2022.

《왕보다 더 자유로운 삶》, 에픽테토스 지음, 김재홍 옮김, 서광사, 2013.

《우리는 다시 연결되어야 한다》, 비벡 H. 머시 지음, 이주영 옮김, 한국경제신문사, 2020.

《우정의 과학》, 리디아 덴워스 지음, 안기순 옮김, 흐름출판, 2021.

《움직임의 뇌과학》, 캐럴라인 윌리엄스 지음, 이영래 옮김, 갤리온, 2021.

《원더랜드》, 스티븐 존슨 지음, 홍지수 옮김, 프런티어, 2017.

《익스텐드 마인드》, 애니 머피 폴 지음, 이정미 옮김, 알에이치코리아, 2022.

《인간 성장발달》, 박인숙 등저, 포널스출판사, 2016.

《인간은 왜 외로움을 느끼는가》, 존 카치오포·윌리엄 패트릭 지음, 이원기 옮김, 민음사, 2013.

《인류 진화의 무기, 친화력》, 윌리엄 폰 히펠 지음, 김정아 옮김, 한국경제신문, 2021.

《인피니트 게임》, 사이먼 시넥 지음, 윤혜리 옮김, 세계사, 2022.

《일리아스》, 호메로스 지음, 천병희 옮김, 숲, 2015.

《역발상의 지혜》, 김재진, 21세기북스, 2022.

《자신감》, 샬릴 페팽 지음, 김보희 옮김, 미래타임즈, 2019.

《자연은 우리가 살찌기를 바란다》, 리처드 J. 존슨 지음, 최경은 옮김, 시프, 2022.

《자존감은 어떻게 시작되는가》, 에이미 커디 지음, 이경식 옮김, 알에이치코리아, 2017.

《처음 가는 마음》, 이병일 지음, 창비교육, 2021.

《축구를 하며 생각한 것들》, 손흥민 지음, 브레인스토어, 2020.

《축구의 미학》, 프리츠 지몬 등저, 박현용 옮김, 초록물고기, 2010.

《코끼리도 장례식장에 간다》, 케이틀린 오코넬 지음, 이선주 옮김, 현대지성, 2023.

《타인에 대한 연민》, 마사 너스바움 지음, 임현경 옮김, 알에이치코리아, 2020.

《팩맨의 게임학》, 이와타니 토루 지음, 김훈 옮김, 비즈앤비즈, 2012.

《프렌즈》, 로빈 던바 지음, 안진이 옮김, 어크로스, 2022.

《프로테우스의 역설》, 닉 이 지음, 최원일 옮김, 광주과학기술원, 2022.

《플라톤의 그리스 문화 읽기》, 강대진 등저, 아카넷, 2020.

《호모 페스티부스》, 장영란 지음, 서광사, 2018.

ted.com

Marily Oppezzo, 〈Want to be more creative? Go for a walk〉

Stuart Duncan, 〈How I use Minecraft to help kids with autism〉